阅读成就思想……

Read to Achieve

学会当领导

WELCOME TO MANAGEMENT

优秀员工的晋升之路

How to
Grow from Top Performer
to Excellent Leader

[美] 瑞安·霍克（Ryan Hawk）◎著
燕子◎译

中国人民大学出版社
·北京·

图书在版编目（CIP）数据

学会当领导：优秀员工的晋升之路 /（美）瑞安·霍克（Ryan Hawk）著；燕子译. -- 北京：中国人民大学出版社，2024.1

书名原文：Welcome to Management：How to Grow from Top Performer to Excellent Leader

ISBN 978-7-300-32422-7

Ⅰ. ①学… Ⅱ. ①瑞… ②燕… Ⅲ. ①管理学 Ⅳ. ①C93

中国国家版本馆CIP数据核字(2024)第007239号

学会当领导：优秀员工的晋升之路

［美］瑞安·霍克（Ryan Hawk） 著

燕 子 译

XUEHUI DANG LINGDAO：YOUXIU YUANGONG DE JINGSHENG ZHI LU

出版发行	中国人民大学出版社		
社　　址	北京中关村大街 31 号	**邮政编码**	100080
电　　话	010-62511242（总编室）		010-62511770（质管部）
	010-82501766（邮购部）		010-62514148（门市部）
	010-62515195（发行公司）		010-62515275（盗版举报）
网　　址	http：//www.crup.com.cn		
经　　销	新华书店		
印　　刷	天津中印联印务有限公司		
开　　本	720 mm×1000 mm　1/16	**版　次**	2024 年 1 月第 1 版
印　　张	14　插页 1	**印　次**	2024 年 1 月第 1 次印刷
字　　数	162 000	**定　价**	65.00 元

本书赞誉

WELCOME TO MANAGEMENT

《学会当领导》是一部指导你成为卓越领导者的综合指南——从掌握正确的技能到建立并管理团队，再到指导自己的员工等。无论你是刚走上领导岗位的新手，还是希望进一步提升自己的老兵，这本书都是为你而准备的。

——丹尼尔·平克（Daniel Pink）

《纽约时报》畅销书《时机管理》（*When*）、《驱动力》（*Drive*）

和《全新销售》（*To Sell Is Human*）作者

瑞安·霍克是一位二元大师：他既是一个领导者，也是一个积极进取的学习者；既是一个出色的运动员，也是一个商界高手。这本书语言诙谐，能激发人们的阅读兴趣。瑞安为我们揭示了有关卓越领导者所思所为的秘诀。如果你是一个正处于从“队员”向“教练员”转型的管理层新人，为了自己和你的团队，请读一下这本书吧。《学会当领导》将教你如何像专业人士一样进行管理，并建立一支与你风雨同舟、患难与共、努力实现目标的团队。

——利兹·怀斯曼（Liz Wiseman）

《纽约时报》畅销书《成为乘法领导者》（*Multipliers*）和《新鲜感》（*Rookie Smarts*）作者

瑞安·霍克是一位孜孜以求的学习者，同时也是一位充满热情的师者。他的《学会当领导》对所有担任管理岗位的人士来说都是一种无价的工具。

——帕特里克·兰西奥尼（Patrick Lencioni）

Table Group 首席执行官

《纽约时报》畅销书《团队协作的五大障碍》（*The Five Dysfunctions of a Team*）和《优势》（*The Advantage*）作者

在阐释如何发挥领导作用方面，瑞安为我们提供了详实且清晰的见解。该书深入探讨了制订计划的最佳方法——一切要从反复检视自己开始。

——斯坦利·麦克里斯特尔（Stanly McChrystal）将军

《纽约时报》畅销书《赋能》（*Team of Teams*）作者

每一个新任管理者都可能犯错误，但你若遵循瑞安多年来收集的这些实用性很强的忠告，就会少走许多弯路。

——亚当·格兰特（Adam Grant）

宾夕法尼亚大学沃顿商学院管理学教授

《纽约时报》畅销书《离经叛道》（*Originals*）和《沃顿商学院最受欢迎的思维课》（*Give and Take*）作者

《职场生活》（*WorkLife*）播主

瑞安的《学会当领导》不仅指导你如何做一名领导者，而且还会驱使你不断检视自己，重新思考如何学习、成长和提高。如果你想进一步提升自己的领导力，就必须认真阅读此书。

——维恩·哈尼什（Verne Harnish）

Entrepreneurs' Organization 创始人

畅销书《指数级增长》（*Scaling Up*）作者

伟大在他人眼里就是力量。从运动员到教练员是一种巨大的身份转变。作为新的管理者，要把关注点从自己的成功转变到对更多人的成功担负起责任，在这一过程中，他们要做些什么呢？瑞安·霍克这本通俗而实用的读物将有助于回答这一问题。

——斯科特·加洛韦（Scott Galloway）

纽约大学斯特恩商学院市场营销学教授

畅销书《互联网四大》（*The Four*）和《世界并不仁慈，但也不会亏待你》（*The Algebra of Happiness*）作者

如果感到好奇并有意尝试一下，你会发现，其实把握领导力就是一次引领自我的旅行。瑞安·霍克就是这样一位引路人，他要告诉你的是，在你学会领导自己之前，不可能去领导一个团队或一个企业。基于自己当运动员和从事商业活动的亲身经历并分享从他人那里获得的感悟，瑞安为我们提供了激励人心的实用性忠告。

——贝斯·科姆斯托克（Beth Comstock）

通用电气前副董事长

畅销书《憧憬未来》（*Imagine It Forward*）作者

《学会当领导》是一部长期制胜的宝典，对有志于更上一层楼的领导者而言，不啻为一部完美的剧本。

——詹姆斯·克尔（James Kerr）

畅销书《全黑军团》（*Legacy*）作者

瑞安·霍克就是极特殊的一类人，一类充满求知欲的人。他会提出各种问题来深入探究事物的本质，同时也会为自己的大脑留出空间，不断思索。他鼓励下属努力寻找那些他们自己尚未发现的答案。

——罗伯特·库森（Robert Kurson）

《纽约时报》畅销书《深海探秘》（*Shadow Divers*）作者

新任管理者所面对的是一个陡峭的学习曲线，其中全新的机遇和责任就在眼前。在这本书里，瑞安为卓越领导者的日常工作提供了一种应对策略。那些渴望领导强大的团队去开创伟业的经理们不要错失这一奇妙宝典。

——斯科特·贝尔斯基（Scott Belsky）

Behance 网站创始人兼首席执行官

《如何把产品做到最好》（*The Messy Middle*）作者

求知欲、自我认知和执着精神，这些特质成就了瑞安·霍克作为运动员和企业领导者的辉煌经历。从运动员到领导者的转变过程充满了各种严峻的挑战，而这些特质对他实现这一转变发挥了不可或缺的引领作用。这本书撷取了数百位企业界传奇领军人物的智慧和精华，阅读此书，你将站在这些巨人的肩膀上，更上一层楼。

——亚力克斯·哈钦森（Alex Hutchinson）

畅销书《忍耐力》（*Endure*）作者

如果你是一位刚刚走进领导层的新手，那么此书会让你事半功倍；如果你一直领导着一个团队，那么此书会让你重新检视自己过往管理方式的优劣得失，还会让你的管理艺术上升到一个全新的水平。

——菲尔·琼斯（Phil Jones）

《让人无法拒绝的神奇字眼》（*Exactly What to Say*）作者

这是一部适用于新任管理者的手册，也是一部全面、深入和高度实用性的书籍。当你决定提拔某人时，先向他表示祝贺，然后立即请他阅读这本书。

——托德·亨利（Todd Henry）

《终身学习》（*Herding Tigers*）作者

瑞安·霍克给出的忠告十分有必要，也很现实，但能帮助新任管理者正确应对各种挑战。擅长某项工作并不能直接让你成功地领导他人做好某项工作。这本书之所以弥足珍贵，就在于它能让你认识到这个真理。阅读此书，认真学好这一真理，掌握好书中提供的应对策略，你一定会发现它物有所值。

——安妮·杜克（Annie Duke）

畅销书《对赌》（*Thinking in Bets*）作者

瑞安·霍克用自己特有的知识以及对领导力的领悟帮助读者学习领导力艺术，助力他们建立适合自己团队的文化并日益提升。瑞安运用各种经典案例传递着自己的理念，读罢此书，我就准备去践行那些闪烁着智慧光芒的至理名言。

——迈克尔·隆巴尔迪（Michael Lombardi）

管理的球队曾三次获得超级碗冠军

《橄榄球场天才》（*Gridiron Genius*）作者

这是一本讲述如何迎接挑战并把握领导机会的专著。该书内容严谨、详实，吸收了各种成功的经验与失败的教训，同时也汇集了他人的智慧精华。

——布伦特·毕肖尔（Brent Beshore）

adventur.es 首席执行官

《混乱的市场》（*The Messy Marketplace*）作者

从高中和大学橄榄球赛场上的四分卫开始，直到今天承担的社会角色，瑞安·霍克一直热衷于服务他人，热心承担领导责任。他的讲座、播客和本书将改变许多人的人生。

——吉姆·特雷赛尔（Jim Tressel）

俄亥俄州立大学足球队前教练

扬斯敦州立大学前校长

推荐序

WELCOME TO MANAGEMENT

当你的目的地尚不明确时，引领航向就显得尤其重要，而且具有挑战性。陆地导航是在军队服役期间首先要学的技能之一。实际上，作为西点军校的一门必修课，我在走上战场之前就已经学习了这方面的知识。陆地导航听起来极具挑战性，其实它的核心原则很简单：士兵们须通过一片陌生地段，而所配备的工具仅有一个指南针。

学习陆地导航非常有必要，其中的原因是多方面的。部队在战场上进行战斗时，了解你自己所处的位置（包括弄清对手的位置）可以让己方各部制订出复杂而精准的作战计划，从而有效打击敌人。陆地导航还有助于建立强有力的团队，让每一名士兵为了共同目标而奋勇前进。也许更为重要的是，随着战争性质的改变，陆地导航会帮助我们在没有网络或全球定位系统等奢侈装备的世界里，明确自己的方向。

陆地导航的关键是随时注意自己相对于目的地的位置。要做到这一点其实并不容易，因为你的位置随时在变化。为此，你需要一张地图。如果不知道自己的位置和周边情况，也不知道要往哪里去，你就会像无头苍蝇那样到处乱撞。从这个意义上讲，陆地导航完全就像一个领导者——引领人们从不同的道路通往一个终极目的地。我将用毕生精力认真研究领导力方面的问题。在西点军校和军队服役期间以及作为麦克里斯特尔集团创始人的初创时期，领导力都是我所关注的核心问题。面对每一项挑战，我都会认真思考自己的价值以及前人所走过的道路。如此一来，我想我俨然就是一名领导力方面的专家了。在这方面我有幸取得些许成功，也得到了社会的认可。九年前，我开始在耶鲁大学杰克逊全球事务研究所讲授领导学课程直到今天。麦克里斯特尔集团为发展领导力开启了新的方法论。

我知道自己是个幸运儿，说起来简直令人难以置信；然而我也深信，我的领导才能在自己的成功道路上发挥了重要作用。我对陆地导航驾轻就熟，曾率领不同团队成功抵达目的地。然而，在写自己的回忆录时，我开始认识到，在通往未来目标道路上会遇到许多挫折，还会走许多弯路。回顾自己在部队服役期间的诸多往事，那些细节仍历历在目，我开始清醒地认识到自己的成功是如何取得的。甚至在我自己的经历中，我发现自己只承担了一些支持者的角色，并没有对团队的成功担负起全部的责任。确切地说，我清楚地认识到强化适应性是解决问题的关键。根据某一时间的具体情况，我的工作（作为领导者）要视自己团队成员的需要而改变。

在我的书《重任在肩》（*My Share of the Task*）出版后，我便开始重新审视这样的问题：做一个好的领导者、一个强有力的领导者以及最优秀的领导者对我而言都意味着什么。所有这些宽泛和哲学层面的思考都帮我认识到，领导力并不是我们所想的那样，从来都不是。

领导力并不是我在课堂上学习并终其一生加以实施的那些东西，而是我在一生中所构建的人际关系的一个产物。在我的人生中，并没有一张路线图可以指引我从一个实习生到如今生活在弗吉尼亚州亚历山大市的生活轨迹。对于我曾去过什么地方、用什么方法让自己成了现在的我等问题，我只是通过事后发生的一切才真正弄清了其本质。在人生的任何一个节点，都是那个内在的指南针在指引我走向真正要去的地方。

也许，领导力就是为自己修建的一条小径。从严格意义上说，领导力让我们接受了这样一个现实：带着理想开启了自己的旅程，而努力的结果也许只是做了一件白痴做的事。我们总是渴望自己能成为自己心目中的那种领导者，然而并没有现成的地图告诉我们怎样去实现这一目标。若能有这样一张地图，我们就很容易确定要拥有什么样的特质、采取什么样的行动、做出什么样的选择，才能让我们踏上进阶正直且高尚的领导者之路。鉴于每个人都会在生活中找到自己的独特位置，所以要抵达我们希望去的地方，并不存在一条每个人都必须选择的共同路径。

在这方面，领导者并不像领航员，而更像制图员。我们深知自己并不能预测前面会遇到什么，所以我们要自己闯出一条通向未来的道路。这种不确定性着实令人兴奋——在一个充满各种可能性的世界面前，我们不应有丝毫胆怯。换句话说，我们应该鼓起勇气，充满信心，从他人开创的道路上汲取经验，开创出完全属于自己的一条路。我们正在领航一个新世界，没有什么人能透过我们的双眼看到这个奇妙的世界。我们最终选择的旅程造就了我们自己——这段旅程就是我们的领导者之路。

从什么地方开始着手

很显然，这是一个让人难以回答的问题。你正在阅读的这本书恰是一个极好的出发点。在阐释如何发挥领导力作用方面，瑞安的这本书为我们提供了详实而清晰的见解，其中深入探讨了制订计划的最佳方法——一切从反复检视自己开始。

制图员在陌生地区开展工作的时候，通常要从自己能辨识和观察的事物入手。他们通过观察周边那些自己最了解的事物来判定自己的位置。正如瑞安指出的那样，在制订通向领导者之路的计划过程中，我们必须从自身做起，从内在和外在两个方面做起。唯有如此，我们才能建立和领导自己的团队并最终让它经受时间的考验。应该说，制图是一项繁重而艰辛的工作，而且正如瑞安所描述的，它并不时尚。我们依靠科技手段指引正确方向，同样，我们也会逃避那些促使我们与真实自我进行抗争的深邃思想。无论有多复杂，无论在多大程度上要受机器的驱动，当今社会比以前更需要发挥领导力的作用。制图是一项艰巨且必须正确的工作，因此，当制图员要具备过人的勇气。

如今，写作有关领导力方面的书籍不啻一项特殊的挑战。每周都有若干本新书摆在书架上，都声称是让你成功进阶领导层的宝典。这些书多数在告诉你成为领导者的经历和感受，但鲜有专注于领导过程的书籍。在阅读《学会当领导》这本书的时候，你要去思考心目中成功的领导者应该是什么样的，要去分析作者在讨论中所列举的各种益处，以及你自己有什么想法。最重要的一点是自己做出清醒的决定，而不能仅仅依赖他人走过的路——就像瑞安写的那样：旅程始于自己足下。

阅读本书之后，你对如何成为瑞安笔下的领导者一定有不少自己的想法，我在这里有一言忠告：把地图搁在一边，拿起指南针。我在此拭目以待，看你走向何方。

斯坦利 · 麦克里斯特尔

美国陆军上将（退役）

译者序

WELCOME TO MANAGEMENT

管理是科学，是艺术，更是生产力。在现代社会生产和生活中，管理和领导力越来越受到专家学者和成功人士的广泛关注。这方面的著书立说层出不穷，几乎每个月都有若干新书摆上书架，让人应接不暇。而瑞安·霍克的新作——《学会当领导》，则是一部不可多得的实用指南。

如果你是一位刚刚跻身管理层的新锐领导者，或者你已在领导岗位耕耘多年却仍不得要领，那么你一定要抽点时间读一读这本书。这是一本获得诸多成功人士赞许、能指导你成为卓越领导者的行动指南。本书语言通俗易懂，细节表述详尽，见地深邃，令人耳目一新，顿有所悟。

瑞安·霍克经历颇丰。年轻时是美国职业橄榄球运动员，在球队中担当攻防组织核心的角色；转战商场后，他从一名普通员工逐步晋升至企业销售副总裁；如今，他的身份更是多元，做演讲、开播客、写文章、当顾问、办公司，但其关注点主要放在领导力研究领域。这本书撷取了数百位接受作者访谈的企业界传奇领军人物的智慧和精华，也融合了作者自己转身为成功领导者的切身体会。

《学会当领导》没去探讨深奥的理论，而是聚焦实战方法；不是在告诉你成为领导者的经历和感受，而是在告诉你成为卓越领导者应采取的行动和策略。读过之后，你会发现原来还有这么多易学易用的精妙方法；细细品来，你会感叹原来还有这么多不该被忽视的管理精髓；践行之后，你会收获带领团队走向成功的强烈自信。

作者在书中从引领自我、构建自己的团队和领导自己的团队三个部分，详细阐释了对成为卓越领导者的理解。霍克认为：

> 在有效领导他人之前，必须先学会领导自己。领导者的命令可让他人服从，但仅凭权力无法收获忠诚。对领导者而言，自律、率先垂范、建立信誉十分重要。

构建一支富有战斗力的团队，关键是要营造好一种团队文化，选用优秀人才。正如旧金山 49 人队传奇教练比尔·沃尔什（Bill Walsh）所说，“先有文化后有成果”，而团队文化的核心要素是“信任、坦诚和主人翁意识”。畅销书《首先打破所有规则》（*First, Break All the Rules*）的作者马库斯·白金汉（Marcus Buckingham）说：“要想举办一场出色的晚会，就得邀请出色的嘉宾。”人才就是一切，选人是团队管理者要做出的最重要的决定。

领导者就是对团队最终结果负责的那个人。从你举起手宣誓，开始步入领导岗位的那一刻起，你就在做出选择——准备为团队的前途命运担负起责任。为此，领导者必须秉持服务理念，必须对团队进行引领、管理和指导。领导要以更大的视野思考问题，要以更实际的行动把握细节。眼光决定成就的大小，细节决定目标的成败。

当然，不同的文化背景导致行为方式可能有所差异。在一种文化中形成的理念和方法，在另一种文化中也未必全都适用。但人的心性没有种族之分，经世致用的知识没有国界之别。正所谓他山之石，可以攻玉。当今社会日新月异，新知识、新思想、新行为不断涌现，面对社会巨变，面对问题挑战，唯有不断学习，才能跟上时代步伐。正如作者在书中引用米开朗琪罗的那句名言："我仍然在学习。"希望你成为一名学习型领导者。无论你身居何位，无论是否已获成功，请永远不要停下学习的脚步。

在本书的翻译过程中，译者坚持准确反映原作内容并保持原书语言风格，但由于水平有限，难免存在疏漏和不妥之处，敬请谅解。

燕子

前言

WELCOME TO MANAGEMENT

我仍然在学习（Ancora imparo）①。

——米开朗琪罗

珍妮弗突然出现在我新入住的办公室门口，静静地没有一点声音。抬头见她站在那儿，我几乎惊得跳了起来。她一脸的愤懑，噘着嘴唇，极力克制着自己，不想让这种情感流露出来。这可不太好。这是我当经理的第一个星期——第一次坐在有墙壁阻隔、门也关闭着的办公室里，更别说还有硕大的窗户和一把精致的赫曼米勒（Herman Miller）品牌的椅子。

我做了什么？我心里一时没底，暗自思忖着。我刚被提拔，担任这个团队的经理，而就在几天前我还只是这个团队的普通一员。她也许对我的升迁耿耿于怀，或者认为我不够格，太年轻，缺乏历练。她的想法对吗？我只有27岁，她入职的时候我还在上小学。“嗨！珍妮弗。”没等我说完，她就打断

① Ancora imparo 是流行于意大利的一句名言，意思是“我仍然在学习”。通常认为该句话源自文艺复兴时期的巨匠米开朗基罗在 87 岁时说过的一句名言。

我，声音颤抖着："我丈夫有了外遇，想和我离婚。"什么？如果这是在做配音，她的话不亚于磁带里发出的巨大刚蹭声。她为什么告诉我这些？我该怎么办？我不停思考着，简直无法想象有人会把这种事说给自己的上司（尤其这个人还是几天前刚认识的同事），更别说我这个摊上此事的上司也没什么好办法。没想到履新后会进行这类对话，也没人告诉过我一个经理人要面对这种情况。

如果你手持这本书是因为刚刚走上领导岗位的缘故，那么我在此恭喜你。就那些向你汇报的每一个人而言，你现在是他们在餐桌上议论的焦点；你已成为员工在配偶和孩子面前抱怨的对象；你现在是"老板"，你要为他们的职业生涯负起责任。当你还是一位普通员工时，你能想到自己的经理都在做些什么吗？你认为他们容易吗？

如果你和我一样，你也许会迫不及待地想得到晋升，成为领导者。但不幸的是，如不身临其境，你就无法充分理解进行管理都需要些什么。珍妮弗站在那儿，等着我的回答。我马上意识到，领导一个团队要做的事比我之前想象的要多得多。就在那一刻我才意识到：我还不能确定一个经理人究竟要做些什么。

首次晋升

我一直在不同的销售机构里从事专业工作。橄榄球生涯结束后，我第一份"真正"的工作是电话销售。那时，我所关心的是如何取得成功。就我而言，获得成功的标准不仅是完成销售任务，还要登上销售排行榜的榜首。

几年来，我实现了自己的目标，随后因业绩突出为自己争取到了一次领导岗位的面试机会。考虑到自己曾作为职业橄榄球队四分卫所积累的领导技巧，我对自己信心满满。与珍妮弗的这次谈话之后，我开始认识到，若不想让自己成为“彼得原理”真实有效的最新例证，就必须学会全新的工作方式。

“彼得原理”是劳伦斯 · J. 彼得（Laurence J.Peter）提出的一个管理学概念，是指在一个等级制度里，人们通常会晋升到自己“不能胜任的层次”。员工往往因为在前一个岗位上的业绩突出而获得提拔，直至升到一个自己不再能胜任的岗位。这是因为，他在某一岗位上的技能并不一定自动适用于另一个岗位。一个员工可能在某一方面表现很出色，而领导他人去完成工作却是一种截然不同的技能——这有赖于实施领导而非具体执行的能力。换句话说，即便你在之前的岗位上是一流的执行者，也不能保证自己就具备强有力的领导他人的能力。在执行层面表现得越好就越有可能被提拔到领导岗位，这看起来是否有些自相矛盾呢?

我一直对卓越的执行力和领导力抱有浓厚兴趣。作为一名运动员，我成长过程中的多数时间是用在与队友相互配合以打好比赛上面。不管输赢，这些经历教会了我去把握卓越的策略和良好的心理。尽管有这些经验，但如何将其融入实际管理工作中，我在第一次担任经理时，还不能准确地把握。

我的故事并非个例。对于如何实施领导、如何赢得自己团队的信任和尊重、如何营造一种有助于实现优异业绩的文化以及怎样运用触动人心的交流方式等，初登领导岗位的大多数人并不能准确把握。

被提拔到领导岗位确实让人兴奋。但不幸的是，如何让新经理成功开展工作，多数机构为此所做的各种准备工作却乏善可陈。如何实现从自我成功到多人成功，在这方面目前还没有一本相对应的手册。结果便是，你从团队普通一员晋升为团队领导者，这种首次晋升带来的身份转变最为艰巨，其中充满了挑战。在那些曾把你当成同事的"队员"面前，如何拿捏好自己身为"教练员"的力度十分微妙。过去在这方面也没有什么指南可供遵循，我希望这本书能填补这种缺憾。

成为学习型领导者

我相信每个人都具备一定的领导能力，但关键的一点是学会怎样去领导。就我而言，我努力拿到 MBA 学位，目的是提升自己，争取成长为一名经理人，但我对这一学习过程并不十分满意，原因是这些课程有诸多局限性，还不能涵盖我想了解的深层次问题。所以，我想直接求教于那些我最敬佩的人。

就好像命中注定的一样，2014 年我坐飞机前往塔霍湖，偶然的座位安排让我梦想成真。我坐到紧邻出口的座位上，伸直双腿准备放松一下，这时我发现身旁坐着托德·瓦格纳（Todd Wagner）的一个朋友。托德是 Broadcast 网站的创始人，后来他把该网站卖给了雅虎，当时的售价高达数十亿美元！这一切是他与其搭档马克·库班（Mark Cuban）共同完成的。马克·库班后来成了达拉斯独行侠队的老板。

在一路西行的旅途中，我向这位新朋友透露了自己的想法：多学点儿知识并组建自己的教师团队，成员多为曾有过领导者经历的人。飞机落地的时候，他答应帮我联系托德团队的人。不久后，我与托德见面并一起吃了顿饭。

托德·瓦格纳依靠自己的努力成了富豪，当时的身价已高达数十亿美元。他提前大约一个半小时到达见面地点，我有幸与他在酒吧共度了一段时光。

他和蔼可亲又透着睿智，我深深地被他的智慧和谦逊所折服。我不停地提出问题，想尽量多了解一些有关出售 Broadcast 网站的情况，同时也很想知道他们对雅虎公司领导层的看法。他告诉我他是这样对雅虎说的："你们看吧，要不把我们买下来，要不就和我们展开竞争，你们自己决定吧。"托德和马克就这样结束了那桩交易的谈判，带着 57 亿美元的支票离开了。

这段故事简直让人不可思议，但我还是有个缺憾——当时真应该把这段话录下来，我很想把这段经历讲给其他人听。对于急于想了解的知识，就要接触第一手信息，这次饭局让我有了切身体会。实际上，我已经开始考虑参与更多类似的对话并设想如何与他人进行分享。通过汇集不同案例，我决定创立一个以访谈为主的播客，把它当成一个模拟的博士答辩现场，名字就叫《学习型领导秀》(*The Learning Leader Show*)。通过这个播客，一方面我让那些有影响力的领导者和我坐在一起进行互动和对话，另一方面还能将这些对话与他人分享，为他人服务。

同时，这也是我写作此书的初衷。我十分理解你作为新任管理者的痛苦和两难的窘境，因为这一切我本人也经历过。第一次当经理那段时期，我也犯了许多错误。所以，我决定将自己的亲身经历、研究、心得以及与300多位领导者的访谈融入本书，与读者共享。我把自己的以及从他人那里学到的经验一一提炼出来，让这些宝贵的真知灼见助你成为优秀的经理人，让这条成才之路走起来更轻松、更顺畅。

这本书为你而写，也是与你有关的一本书。你们当中的许多人曾有过给不称职老板打工的经历（我也是如此）。我对优秀领导者满怀期待，同时也认识到这种人在世间属实凤毛麟角。在我们的生活中，领导者的影响是多方面的。如果你当了领导者，那我希望这本书能帮助你运用好手中的权力去做有益的事。我的目标是帮你更快地学习领导力方面的知识，让你具备更好的能力去做出更大的决策，特别是避免再犯我初当经理时所犯的错误。低领导力就像流行病，传播开来会让我们付出不菲的代价。此书便是我为消除这种代价所尽的一点绵薄之力。我希望你也能在领导力领域有所建树，让领导力在现实生活中不断发挥积极的作用。

我对本书的结构做了如下安排。

第一部分：引领自我。我笃信这样一句箴言："不能领导自己就无法领导他人。"因此，在了解如何领导他人之前，先从你自己开始——怎样学，学什么，从哪儿学，以及为什么终身学习会如此重要。我们将从内在和外在两个方面来思索领导自己时所面临的挑战，并审视在跨越各种障碍时所需的工具和策略。

第二部分：构建自己的团队。在团队成员名单确定之前，首先要有明确的思想，就是如何打造一支具有战斗力的团队。这意味着你要去构建一种健康的团队文化。在深刻理解团队文化的基础上，我们把话题转到如何通过聘用（或解聘）的形式确定团队成员，以及如何增强信任并收获尊重。

第三部分：领导自己的团队。最后，我们要讨论的是，如何顺利完成领导者应做好的工作：为团队制定一个清晰的思维战略，描绘一个美好的愿景，进行有效的沟通（包括诸多其他事项），最终把握好团队要去实现的目标。

书中对你有所帮助的各种思维模式、范例、可直接借鉴的方案，以及世界上一些具有前卫思想的领导者的忠告，都可供你撷取。通过案例学习、研究、个人经历以及领导者访谈中传递的信息，本书为每一位迈出职业生涯重要一步的新任领导者提供了指引。

我第一次晋升时就渴望得到这样一本书。我希望本书能让你更惬意、更从容、更有勇气和有效地实现从一名员工向管理者的跨越。

目 录

WELCOME TO MANAGEMENT

第一部分 引领自我

第 1 章　从内在方面领导自己 // 005

起点：自我认知 // 005

好奇心的作用 // 010

打造你的学习机器 // 011

学习周期：运行架构 // 015

一切取决于思维模式 // 032

第 2 章　从外在方面引领自我 // 035

为什么自律很重要 // 035

自律的表现 // 036

响应能力 // 039

必须亲临现场 // 041

管理好自己的时间 // 044

习惯：潜意识行为的力量 // 047

赢在清晨 // 049

做好准备：医治恐惧的最佳良方 // 051

细节决定成败 // 054

第二部分 构建自己的团队

第 3 章 培植团队文化 // 065

文化的本质 // 065

赢得领导资格 // 069

尊重的内涵 // 071

信任 // 072

坦诚 // 076

主人翁意识 // 078

竞争文化 // 082

看法的改变 // 089

将理念付诸实践 // 091

克服阻力 // 092

第 4 章 员工管理 // 097

人才的作用 // 097

管理你接手的团队 // 100

选聘：你在寻觅哪些人 // 102

解聘：整顿团队 // 110

优秀员工的悖论 // 115

第三部分 领导自己的团队

第 5 章 传播信息 // 127

学会讲故事 // 129

节奏与频率 // 132

建立联系 // 135

说服他人 // 137

沟通形式 // 139

第 6 章 达标 // 159

结果很重要 // 160

你必须做的三件事 // 161

放飞谦逊的自我 // 179

对上级施加影响 // 182

结 语 // 187

第一部分

引领自我

LEAD YOURSELF

八月的午后时分，位于威斯康星州的格林贝港潮湿、闷热，令人难耐。每到这个季节，都会有数千人来到这里，围在搭建得十分精致的栅栏旁，度过一段闷热的时光。人们来此的目的只有一个：观看自己钟爱的包装工队（Packers）进行新赛季的备战活动。栅栏里，教练员和运动员都全身心地投入到训练之中。

我弟弟 AJ 曾效力于包装工队并参加了九个赛季的比赛。父亲的生日恰好也在这个时间段，AJ 每次来训练的时候，老人家都要前往观看。多数球迷会尽量提前抵达雷尼施克（Ray Nitschke）球场，这个球场在朗博（Lambeau）体育场的对面，紧邻唐・休斯敦（Don Huston）中心。球迷提前来的目的就是为了抢个好位置，以便欣赏训练快结束时进行的争球大战。

而我父亲不一样，他提前赶来另有原因。老人家对下午训练开始后的前 45 分钟训练情有独钟，这段时间被称作“亮相”。每次训练开始的时候，那些身材高大、速度快且极为强健的世界级运动员都要花上 45 分钟左右的时间练习各种技巧和基本动作。他们各自都专注于训练不同的动作细节，天天如此。为什么呢？这是因为，以前每个人都想以团队为单位一起训练，确保每一名队员都发挥作用。因此，队员必须做好各项准备工作，无论是谁都不能置身事外。AJ 曾两度当选全美大学橄榄球联赛隆巴尔迪奖的最佳后卫，2006 年跻身包装工队第一阵容（5 号）。即便如此，在八月份每天训练前，他都会像替补队员一样认真练习各种技术动作。另一个入选第一阵容的阿龙・罗杰斯（Aaron Rodgers）也是如此，他曾两次当选 NFL 最有价值球员（MVP），是美国历史上最伟大的四分卫之一。

对 AJ 而言，看似枯燥的重复动作其实很有价值：那些持之以恒每天练习的细微动作将融入自己的身体，变成一种本能。那时，你不用多想，只需借助这种本能即可。每到八月的那一周，我父亲便会站在栅栏旁，在威斯康星炽热的阳光下享受着枯燥的每一分钟。

之所以在本书一开始便与大家分享这个故事，是因为它深刻阐释了我所笃信的有关领导力和履行职责所必需的基本原则。这个原则就是：从长远讲，在领导好自我之前，你不会成功领导其他任何人。这就是为什么在审视如何顺利履行好领导者责任之前，你必须首先把着眼点放在自己身上。

如果你和我初登领导岗位时的情况一样，在阅读这本书时，你也许因为很想知道后面的内容就直接跳过这部分而进入第二和第三部分。这时，你也许会自言自语嘟囔着："领导自己？这些内容我可以回头再读。现在，我就想知道怎样才能把握自己面前的工作！"你的这种心情是可以理解的……但这样做只能说明你目光短浅，甚至已经误入歧途了。

为什么学习领导他人要从专注于领导自己开始呢？这里面有两个最根本的原因。

一是积累技巧。跻身领导岗位所需要的能力与胜任领导他人所需要的能力并不一致。你会发现，作为员工，你想的问题比较简单，不是对就是错，黑白分明。做领导者时则不一样，你现在要想的问题往往被遮蔽在灰暗的影子里，以前那些让你成为优秀员工的技能，与你的新角色——让他人成为优秀员工——所需要的技能相去甚远。为掌握和精进这些技能，在此基础上打磨并使之符合实际需要，你必须欣然接受一个自我学习者应具备的理念、态度和行为方式。

二是建立信誉。不要以为当了领导者就能自然而然获得下属的尊重、认可和关注。命令可以让别人服从，但不能收获忠诚。人们对心目中所信赖的领导者会激情满怀，无限忠诚。所以，领导者必须建立起自己的信誉。无论是在办公室内还是办公室外，要想建立起收获忠诚所必备的信誉，最好的办法就是为你的团队做出表率。

现在，让我们开始接下来的两章，聚焦于对做好领导工作负有责任的首要人物——你自己。

chapter

01

第1章 从内在方面领导自己

如果你不愿受他人影响，你便无法影响他人。

——吉姆·特雷塞尔（Jim Tressel），扬斯敦州立大学校长

（《学习型领导秀》第62期）

起点：自我认知

关注《学习型领导秀》的听众都知道，在与每个领导者对话时，我都会提出类似的问题：那些在一段较长时间里做得风生水起的领导者都有哪些共同特点？从世界上成绩斐然的众多人物所给出的数百个回应中，我找到了一条贯穿其中的具有共性的主线，这条线都指向了在镜子中凝视你的那个人——你自己。领导好自我是成功领导他人的第一步，卓越领导者均对此了然于胸。

要做到这一点，首先必须仔细审视自己的内心世界。真正的领导工作始于你的头脑中。

若想感动世界，先感动自己。

——苏格拉底

那么，如何去做呢？“从内在方面领导自己”指的是什么？在着手改进某项工作之前，首先你要对相关事实做出判断。在财务方面，你首先要对资金走向进行测算和跟踪，完善这些基础性步骤。在这方面，财务咨询师拉米特·塞西（Ramit Sethi）撰写过一本名为《从0开始打造财务自由的致富系统》（*I Will Teach You to Be Rich*）的书。就战争而言，它是指熟悉地形，掌握敌我双方实力，做到知己知彼。中国古代著名军事家孙武曾写过一本战争专著《孙子兵法》。领导你自己，是指你要善于研究自己，实现自我认知。在这方面，塔莎·尤里克（Tasha Eurich）也曾写过一本名为《深度洞察力》（*Insight*）的书 。

按照尤里克的观点，自我认知并非从单一视角审视自己，而是包含了迥然不同但又相互联系的两个方面，就如同一枚硬币的两面。她在《哈佛商业评论》近期发表的一篇文章中把自我认知归纳为两个范畴：

> 自我认知并非一种真理。它是两种清晰、甚至相悖观点之间的微妙平衡……第一种，我们把它称作内在的自我认知，代表着我们如何清醒地看待自身价值、激情、志向、对周边环境的适应性、各种反应（包括思想、情感、行为、力量和弱点）以及对他人的影响等方面……第二种叫作外在的自我认知，是指就上述各种因素而言，你如何理解他人对自己的看法。

在对尤里克进行采访时，我们谈到了她的工作。其间，她和我分享了她在研究中的一个发现，这引起了我的关注。她的团队曾进行了10项研究，涉及5000多人。在研究过程中，该团队发现“调查中，95%的人认为自己具有自我认知，而实际上只有10%～15%的人做到了这一点。所以我经常和别人开一个玩笑：就我们是否对自己说谎这件事，有80%的人在白天会对自己说谎。”请花点时间思考这个问题。培养自我认知能力的最大障碍是自以为已经具备了自我认知的错误认识！

为了克服这种虚假的自我认知，尤里克设计了一个有关个人习惯的问答表，都是关于个人的内在假设。“一些人在自我认识（self-acknowledge）方面已经有了令人瞩目的进步和转变，在对这部分人的研究中，我们发现他们每天都在努力。这是一项每天都要做的功课，要日积月累……需要将日常的观察和思索汇集起来，并审视一段时间以来所取得的进步。”

作家杰夫·科尔文（Geoff Colvin）十分赞同这个看法。“最好的执行者通常会仔细审视自己，他们能跳出自我，从他人视角审视自己头脑中的一切，扪心自问为什么会这样。研究人员把这个过程称作元认知（metacognition）——对自我认识的认知，对思考的再思考。顶级执行者能比其他人更系统地进行这些思考，这已经成了其日常生活中既定的一部分。”

下面我用类比方法解释一下自我认知的基础性作用是如何助力我们取得成功的。一想到自我认知的二元性以及为了培养二元性所进行的持续观察，我就不禁将其与橄榄球中每个四分卫队员在比赛中所具有的心智相提并论：橄榄球的传球保护区意识（pocket awareness）。

大家可能不熟悉这个术语，传球保护区意识是指当对方防守队员逼近时，四分卫队员对自己周围情况的判断力，即便他这时正注视着前场或伺机传球。与自我认知类似，传球保护区意识是一种包括观察、追踪、理解和调整等在内的一种多维度意识。四分卫队员专注于该区域之内的一切，须时刻清醒地意识到：

- 自己在周边众人姿态变换过程中的步法；
- 自己在阻挡队员和防守队员组成的人墙之间找到一条传球路径的能力；
- 注意冲过来的防守队员、挤过来的中后卫或突袭而至的安全队员，他们快速冲上来，在规则允许范围内竭尽所能将对方撞倒。

与此同时，四分卫队员正监视着传球保护区内发生的一切，当然这也事关该区域以外发生的一切。在这种情况下，四分卫队员不能将目光只放在传球保护区内的冲撞上。原因在于，他必须紧盯前场，观察其他防守队员的反应情况。他必须在不用看队友跑动的情况下，在脑海中时刻呈现一幅接球队友跑位的图景和一个测算他们何时到位的时钟。如果四分卫队员忘记这一点，只是紧盯他想传球的队员，防守方的后卫就会顺着他注视的方向锁定可能的断球点。

如果防守队员在保护区内成功解围，四分卫则被迫逃避，这时他会意识到必须把新的变量考虑进去——要么向前场运球，要么为了节省时间直接找个目标把球掷出去。如果选择后者，则四分卫也要用一部分精力把握好争球线的位置，并能感知他在跨越该线之前何时掷出手中的球。

整个系列动作通常会在三秒钟甚至更少的时间之内发生，而且在此过程中常伴有险象环生的身体碰撞，这一切都无须顾忌。相反，如果四分卫对任何一种变化没能一直保持正确的意识，则攻击就将失败。如果这种失败不断积累，演变成败多胜少，则这个四分卫队员作为球队的核心就是不称职的。这听起来很残酷，但却是事实。

所以，团队的成败归咎于身为团队领导者的你以及你的自我认知。对于自己的长处和短处以及别人如何看待你这些外在的表象，如果你缺乏一种清晰的内在认知，那么你带领自己团队进行的比赛也会遭遇失败，你会因此错失一次用自己的力量去发挥更大影响力的良机。或者，你会让躲藏在认知盲区有缺陷的角色继续上演那部令士气消弭的剧本。即使你有自知之明，但尚未真正了解他人如何看待你，那么你调动众人士气的各种努力也将化为泡影。简言之，一个在自我认知的任意一个方面都有缺失的领导者，将面临领导力失效的局面。

老实说，我并非是那一类每一次都能通过测试的领导者。一直以来，我对研究自己没什么兴趣，而是专注于努力工作，按照教练的指导做最好的自己，并没养成寻求他人意见反馈的习惯。

随着时间的推移，这一点当然也在发生变化。我以前率领伙伴们征战赛场，现在要带领员工们朝着公司赋予的经营目标奋进。随着生活经验的不断积累，从书本上（以及指导老师）也学到了更多知识，我越发感觉自己知之甚少。在我心中，一棵自我认知的参天大树是从第一粒具有洞察力的种子成长起来的。我要与大家分享的是：自我认知并非一种自己具备或者不具备的品质，它是一种集追求、构建和成长为一体的品质。如果我可以做到，你也一定可以。

自我认知要在实践中历经时间的磨砺。经过自我评估测试并在指导老师的帮助下，你会在更深层次上了解自我，这就是一个很好的起点。接受自我评估测试的意义重大，它让你有机会透过不同镜面观察自己。在评估自己的性格类型时，你可以有诸多选项，其中包括霍根人格量表（the Hogan Personality Inventory）、海思科人格量表（the Hexaco Personality Inventory），或者源自盖洛普和汤姆·瑞思（Tom Rath）的优势识别器（the Strengths Finder）2.0 版。

当然，上述每一种测试都有其局限性。这些测试依赖一定的假设条件，把人分成不同类型。实际上，每个人通常会归类于一个行为谱系，而人的行为会依据其观念和环境的不同而改变。也许某一天你被当成某一类型的人接受测试，没多久你发现自己属于另一类型并需要重新测试，原因在于你所处的环境发生了改变。正如与自我认知的养成和保持有关的其他因素一样，各种人格量表上的内容并不是“答案”，而仅仅是调查问卷中的一长串数据而已。

好奇心的作用

好奇心是指一种对学习的欲望和对理解的渴望。分别来自乔治梅森大学和北卡罗来纳大学的两位心理学家托德·卡什丹（Todd Kashdan）和保罗·席尔瓦（Paul Silvia），把好奇心定义为“认识、追求及探索未知的、具有挑战性的以及不确定性事物的强烈愿望”。我们好奇的时候，便会“充分意识并接受当时存在和可能发生的一切”，并被调动起激情去“积极做出反应、用新的方法进行思考、调查，沉浸其中，并深入了解我们当下所关注的那个令人充满兴趣的对象”。

好奇心不仅表现为一种求知特性。正如研究人员阐明的那样，好奇心可作为人的智力放大器，诚如已经被人们所接受的量化指标。富勒顿纵向研究

（Fullerton Longitudinal Study）是加利福尼亚州立大学对人类天赋开发问题进行的一项长达 30 年的研究。在该项研究中，他们发现：

> 好奇心是与生俱来的。拥有好奇心的学生在学习的许多方面比同龄人更出色，包括数学、阅读能力、学业能力倾向测试（SAT，美国中学生进入大学的一项测试）成绩及学习成就等。根据教师评定的结果，积极求知的学生更努力，学到的知识也更多。

秉持一颗纯真好奇之心面对世界的人，与其他人之间存在着巨大的差异，这可以汇集成一个词——成长。有好奇心的人是不断成长的人。当你踏上人生旅途，从仅对自己负责，转变为对他人的表现担负起责任时，你就必须在许多方面成长起来。好奇心的培养是跨越这一学习和成长过程的最佳方式。

你要把好奇心视为一种高辛烷值燃料，要想让这种燃料有效燃烧，你还需要一台引擎，注入燃料并将其转化成动能。你要在头脑中建造这样一台机器。

打造你的学习机器

那些长期表现优异的人都有哪些共同之处呢？其实用几个字就可以表达清楚：把自己打造成学习机器。变成一台学习机器这个概念是人们广为熟知的，这主要归功于伯克希尔·哈撒韦公司的投资大师查理·芒格（Charlie Munger）。2007 年，芒格在南卡罗来纳州立大学法学院研究生开学典礼上演讲时，向人们解读了巴菲特和伯克希尔的成功之道：

> 以伯克希尔·哈撒韦公司为例，作为世界上最受人尊重的企业之一，它也许在整个文明史中拥有最佳的投资纪录。在过去的10年中，成就了公司辉煌业绩的技能并不足以支撑公司未来10年的发展。如果没有巴菲特这台不断学习的机器，公司就不可能取得这样的成绩。
>
> 其他相对低端的行业也是如此。长期以来，我一直在见证成功人士的崛起，他们中的许多人并非最睿智的人，有时甚至算不上最勤奋的人，但作为学习机器，他们在入睡前往往比早上起床时更聪明一些，这对眼前仍有很长人生之路的年轻人而言，尤为重要。

我很喜欢这段演讲，因为“学习机器”一词有效地把握了两个重要概念：深思和目的性。如果有人让我来回答本节开始时我提出的问题，它们便是我的答案。纵观我和各类卓越领导者的谈话，上述两方面就是他们在不断追求卓越过程中所体现的共同品质。他们做事往往经过深思熟虑，目标极其明确。对各种经历（无论成功与否），他们都会以适当的方式对整个过程进行回顾、思考、分析，并在此基础上提高自己。他们做事有明确的目标：做什么、为什么要做、怎样做、和谁做，等等。深思和目的性就是驱动“成功领导”这台内燃机的两个活塞。这就是我听芒格讲述“学习机器”时，脑海中浮现出的场景。

学习高难度的东西就是一种积极的思维训练，这一过程就是为自己的大脑下载信息的过程。当我们有了新的想法、观点或经历，我们会深入思考，它们是什么、为什么会存在、怎么应对等，而学习就在这一过程中实现了。阅读时你做笔记吗？对所学内容进行分析了吗？与同事互动交流时，你想过为什么交流会很顺利吗？怎样做效果可能会更好？

当然，被动学习是可能的，但效果并不理想。被动学习者的潜力会面临一个很低的天花板，而带着目标和重点去努力学习的人效果要好得多。如果说深思熟虑是学习的工具，那么目的性就是学习的动力。

那种身为“学习机器”的人，他们为了实现更上一层楼的目标经常去寻找新信息。没有生命的机器并不会自发产生，必须通过人来建造。特别是在进入数字化时代之后，越来越多的机器要进行电脑编程，想成为“学习机器”的人也是如此。

如同巴菲特所提倡的长期投资所获得的收益一样，把自己打造成学习引擎，你将获得更多的收益。对于某一项工作、某一个任务或一段逆境而言，你身上的技能或不足都不是最重要的，你开始做某一件事时所拥有的一切并不能决定最终结果，原因在于，置身于不断学习的模式中，你会在整个事物的发展过程中逐步成长起来。

沃顿商学院管理学教授迈克尔·尤西姆（Michael Useem）在其撰写的《大决策》（*Leadership Moment*）一书中，讲述了一段有关劳伦斯·张伯伦（Lawrence Chamberlain）的故事。张伯伦是一位来自缅因州的大学教授，他自愿报名参军之前没接受过任何军事训练。他对州长说：“我一直对军事很感兴趣。不了解的事，我可以去学。告诉你，我能学习每一件自己要去做的差事。”

当战事蔓延到宾夕法尼亚州葛底斯堡的时候，张伯伦已被任命为缅因志愿步兵第 20 团的指挥官。在一场坚守一座小山包的战斗中，面对强敌的进攻，张伯伦的部队已弹尽粮绝。面对不利局面，他没有选择撤退或者放弃，而是迅速做出一项重要决定，带领部队发起了历史上最著名的一次反击。他命令部队上好刺刀，然后率领全团士兵发起冲锋，一齐冲入邦联军第 15 团的阵地，成功击退敌军并俘虏了大量敌方士兵，从而力挽狂澜，成功拯救了乔治·米德（George Meade）将军的波托马克部队。

尽管没有经过正规军事训练，张伯伦的果敢决定正是其作为自主学习者的智慧结晶。参军前，他就已经阅读了所有能找到的关于军事战略方面的书籍，其中最著名的是拿破仑的著作。有一次，张伯伦向西点军校毕业的阿尔伯特·埃姆斯（Albert Ames）提出，希望与其共居一顶帐篷。据张伯伦后来回忆道："我每天晚上都会向他提出问题，这样我就可以学到很多东西。"

乔·纳瓦罗（Joe Navarro）是另一个典型例子。古巴爆发革命后，孩童时期的乔随父母一起来到美国，随后，其全家定居在迈阿密并开启了新生活，这时的他一句英语都不会说。他开始观察并注意周围说英语的成年人，尽力读懂他们的肢体语言。在开始学习新家所在地的语言以后，他甚至仍很努力地去学习那些用于交际的各种非语言信号。

> 20 世纪 70 年代，市面上少有介绍肢体语言方面的书籍，甚至大学里也没有开设相关课程。我之所以喜欢并钻研这种语言，是因为它太让我着迷了。你到不同国家也可以看到类似的行为和举止。所以，我开始阅读达尔文大师的著作，他曾写过肢体语言方面的书籍，并把它应用于动物研究。此外，我还阅读了爱德华·霍尔（Edward Hall）及其他一些人的著作。我在大学里专攻肢体语言学。虽然学校没开设这门课，但我自己学习并陶醉其中。这就是我所专注的事情。

归功于这种具有深思和目的性的学习方法——开始时出于需要，随后出于兴趣，纳瓦罗随后被联邦调查局录用。在此后 25 年的职业生涯中，他运用自己的专业知识从事抓捕罪犯和间谍的工作。如今，他已经成了国际知名的畅销书作家，在非语言交际和肢体语言评估领域，他被视为享誉国际的最著名的专家之一。

这就是把自己打造成学习机器的力量。

学习周期：运行架构

当然，在成功制造任何机器之前都需要先进行设计。用水泥浇筑建筑物和桥梁之前要准备好蓝图，把金属冲压成汽车部件之前需要先准备好电脑辅助设计图案，在具体的蓝图实施前要制订好计划。把自己打造成一台学习机器的道理也是如此。

我笃信学习的价值所在，所以花了许多时间思考怎样才能收获最好的学习效果。我已经认识到，就我而言，学习通常是作为一个持续过程的组成部分的情况下效果最佳。一旦发现这一过程，我就进行下一个步骤并把它记录下来。图 1-1 展示了我的学习架构。该架构颇具操作性，否则，我就会陷入教育专家杰基·格斯坦（Jackie Gerstein）所称的“碰着机会才去学习”的状态。

01
学习
获取信息

02
测试
用所学知识进行尝试

03
反省与调整
对结果进行分析，做出相应调整

04
讲授
通过分享来强化学习

图 1-1 学习架构

> 重要的不是你知道些什么，而是你能用多少时间去学会它，因为你知道的那些会在后视镜中渐行渐远。我认为当下要掌握的指导原则就是把握这一快速运转的学习周期。
>
> ——利兹·怀斯曼
>
> （《学习型领导秀》第 60 期）

下面，我们对学习架构中的四个步骤做进一步的解读。

第一步：学习

任何一种周期都始于对信息的掌握。把握这一过程意味着你要主动从自己所信任的人和你想要去交往的人那里获得信息，而这些可靠的专门知识和经验无法从他处获得。我的学习主要来自三个方面：导师、虚拟导师和指导（教练）。

导师

这些人已经做了我想做的事，或者已经担任了我所向往的职务。导师往往能看清你身处职业生涯的哪个阶段，并指导你怎样更上一层楼。有些导师就在自己身边（如父母等），至于其他的，你要自己去寻找。能与你建立起真诚关系的人便是你最好的良师益友，这一点十分关键。因为作为良师益友，他要发挥的最重要的作用就是对你真诚以待、直言不讳，帮助你提高自己。这种关系在公司管理指导规划中存在的那种上下级关系中并不常见。要想获得导师的深层次价值，你必须弄清楚此人是否值得信赖，他是否真正关心你的进步。导师与你之间真挚的关系会点燃他的激情，从而会为你花费心思，对你直言不讳（有时忠言逆耳）。

《纽约时报》和《华尔街日报》畅销书《绝对坦率》（*Radical Candor*）的作者金·马隆·斯科特（Kim Malone Scott）提出，导师或老板若想成功地向自己的学生或员工传达某些具有挑战性的反馈意见，需要一个前提条件，即他必须是发自内心地关心他们。那时金在谷歌负责互联网广告业务，她的领导是谢里尔·桑德伯格（Sheryl Sandberg）女士。一次，金向当时的首席执行官埃里克·施密特（Eric Schmidt）及创始人谢尔盖·布林（Sergey Brin）

做了一次工作汇报，随后她的自信心也高涨了起来。两位领导对她及她领导的团队的相关工作给予了高度肯定，同时还向她提出了许多问题，如“你都需要些什么？更多工程资源？更多销售预算？”作为一名业务经理，她没想到会在这儿听到这些问题。

离开会议室时，谢里尔对她说：“为什么不到我的办公室坐一会儿呢？”和其他人一样，当上司提出这种问题时，金立刻紧张了起来。她思忖着：“天哪，我做错了什么？我想不出，肯定一会儿就知道了。”在对金的好的方面进行了一番表扬后，谢里尔把话题转到了叫她来的目的上。

“嗯……你注意到了吗？你在会上说了好多次‘嗯’。”

金深深地呼出一口气，放松了许多。如果就这点错，那没什么。然后，她做了个无所谓的手势说：“就是个口头语而已。”

谢里尔继续说：“我认识一个很好的演讲教练。你想认识一下吗？”

金又做了一个手势，不以为然地说：“不用了，我很忙。你听说那些新客户了吗？”

谢里尔停下来，直视着她的眼睛，然后说了一段令人难堪的话：“你每隔几个字就会说‘嗯’……让人觉得傻乎乎的。”这话其实也只有相互关爱者之间才能直言相告。

她的话引起了我的注意。也许有人会说，谢里尔说我傻乎乎的简直不怀好意，但在当时的情况下，为了我的前途着想，她只能那么做。她以前从未对团队其他成员说过这样的话，因为他们善于聆听，不像我这样固执。她知道，要想让我去见演讲教练就必须对我说这些话。我后来拜访了这位教练。观看自己演讲时的表现真是一种痛苦的经历，我从中学到了很重要的东西。谢里尔并没夸张，我确实每隔几个字就说一个“嗯”，但我以前却不知道。我在整个职业生涯中都在做演讲，通过演讲我挣了3500万美元。我想我在这方面很擅长。

这件事引起了我的思考，为什么别人没跟我说过这些呢？就好像自己走过一生，门帘放下来，人们出于礼节不会告诉你。为什么没人告诉我？是什么让谢里尔愿意告诉我这些呢？……这是个人之间的关爱：我知道谢里尔把我当成朋友，关心我……因为她发自内心地关心我的成长，她不会在我出错的时候落井下石，愿意直面我的问题。

私募投资公司adventur.es首席执行官布伦特·毕肖尔曾说过，你要向某人寻求指导，最重要的是看他是否“挺你”。在采访时，他告诉我：“我一直努力与那些与我说真话的人打成一片，请求他们以诚相待，即便是我不想听到的真相……不管什么时候有人批评你，对你而言，这些批评都具有建设性，而且总是充满善意的。”最后的这一点非常重要。如果提出劝告的人并不是真心助你成功，而是居心叵测，那这种人对你无益。

除了真心关心你的人，你还要寻觅帮你思考如何解决问题，以及能向你提出问题并帮你寻找答案的导师。当你求教时，他们往往会说：“我没掌握足够的信息，无法直接回答你的问题，我想也许可以这样解决……”

就像任何一种关系，价值交流应该是相互的。如果一方总是给予，而另一方总是索取，不管别人怎样定义，这种情况都不是一种正常的关系。这时，人们就会陷于窘境之中。有一个涉世不深的年轻人经常给我发邮件，问："我能为导师做点什么有价值的事吗？可我似乎没什么可提供的。"其实你有！每个人都有。有一个简单易行的方法：把自己拥有的东西摆到桌面上，每次见面时把真正有价值的东西送给你的导师。

每次与导师见过面后，你要表示感谢，并就所学的东西做一个详实的后续记录并制订今后的落实方案。然后，建议你的导师向他辅导的所有人转发你的邮件。如此，你可以向导师传递以下几个方面的信息：

- 表明你是个认真的聆听者；
- 表明你很勤奋，认真做笔记，高度重视；
- 你别出心裁地帮助他人；
- 提升他们的生活价值。

通常，伟大的导师很少花时间就某一特定话题进行书面归纳，而你可以为他们做这件事。这样做可以让你有别于绝大多数人，你的导师也会对你心存感激。

关于导师的最后一点是，他们的作用绝不仅限于阅历较浅的年轻人。我最近有幸单独与篮球界传奇人物乔治·拉韦林（George Raveling）坐在一块，对他进行访谈并录了音。乔治告诉我，虽然他成就卓著，但是他81岁高龄仍在继续寻找导师。阅读了瑞安·霍利迪（Ryan Holiday）撰写的《反障碍》（*Obstacle Is the Way*）这本书后，我们两人的一位共同朋友答应牵线搭桥，乔治抓住这个机会与瑞安见了面。乔治对我说：

> 在过去的十年里，就我的人生而言，我不知道有谁比他对我的影响更大，这其中就包括他帮我介绍的人和教我做的事。我认识到自己的心性已经

改变，而他则是这一变化的一部分。人到81岁的时候，你要有4～5个指导老师。他们年轻，能教你很多，是你所信任的人。你要乐意接受他们的思维方式。你生活中的年轻人能帮你了解并引领你度过21世纪的岁月。我身边就有4～5个这样的年轻人，和我儿子的年龄相仿，但他们都是我的老师、我的导师。我愿意听他们的意见，向他们提问题。我问："你们怎么处理这件事？"我需要年轻人的视野。我想对外边的老人说：如果你想加速自己的成长，找4个男孩，让他们当你的指导老师。

虚拟导师

虚拟导师是你未曾谋面却在远方指导你的那些人。阅读书籍是你向世界各地专家学习的最佳途径之一。任何人只需支付15美元，就可以从世界上最睿智的头脑中获得珍贵的秘籍。这太美妙了吧？我可以不用付出什么代价，通过阅读《沉思录》（*Meditations*）就可以一窥马可·奥勒留（Marcus Aurelius）的内心世界。管理学大师及杰出的福音传播者汤姆·彼得斯（Tom Peters）在其最新出版的《卓越红利》（*The Excellence Dividend*）一书中，与读者分享了自己所学的知识和经验，你只需花了区区17美元就可以学到他的人生智慧。我之所以能了解菲尔·奈特（Phil Knight）创立耐克这一品牌的幕后故事，是因为他抽时间写了《鞋狗》（*Shoe Dog*）一书，里面详细记录了整个过程。通过阅读《理想生活的起点》（*The Four Tendencies*）一书，格瑞琴·鲁宾（Gretchen Rubin）让我对自己的个性有了全新的认识。

之前曾与我进行过讨论的查理·芒格简明地告诉我："在我的一生中，据我所知，没有一个智者是不经常读书的，完全没有。"从查理的成功及其在 95 年生活中遇到的人来看，确实能说明这一点。

不相信自己有时间读书吗？我敢打赌，你的时间比自己想象的要多得多。晚上抽几小时读会儿书，让一个伟大的作者充当自己的虚拟导师，你会从书中呈现的巨大力量中收获良多。生活与成长都是点滴进步的积累（以后更是如此）。有意识地关掉电视、电脑，把电话放到一边，拿起一本书。如果你每天坚持阅读，即便只有 15 分钟，你也会惊喜地发现自己居然能看这么多书，而且这样你睡得也香。研究表明，仅用 6 分钟的时间读书，压力水平就可降低 68%，这一效果已经超过其他一些减压手段，如听音乐（61%）等。

假如我们做不到睡前读书 15 分钟，那么有声书和播客便可派上用场。无论是在上下班的路上还是在身体锻炼过程中，你都有机会倾听他人的智慧之音，而且还不影响你的手和眼睛。

受益于光纤、移动通信以及随处可见的 Wi-Fi 接口，你可以通过自己桌上的台式电脑、笔记本电脑或手机看到虚拟导师的画面。从 TED 演讲，以及诸如 YouTube 和 Vimeo 等平台上类似的视频内容，到 Facebook 及 LinkedIn 用户的内容供给等，我们仅通过敲击按键就可以欣赏这个时代最好的演讲。只需 20 分钟，我们就能学到足以改变当今生活的新锐创意。

无论信息来自哪里，重要的一点是你要对所接收的知识有所选择。通常在读一本书之前，我都会留意是谁在推荐，为什么他们认为此书值得一读。然后，我会对作者进行一番研究。他们都做了什么，他们对本书的主题把握得如何。据我所知，就如何当好一个严格而直率的老板而言，金·斯科特多年从事这方面的研究工作，她是这一领域的最佳导师之一，她曾为世界上一些最睿智的领导者工作过。我知道，查利·麦克马汉（Charlie McMahan）懂得如何把一个 50 人的小团队发展到超过 5000 人的大团队，原因在于他花了 25 年时间亲力亲为，并在此过程中向他人取经。据我了解，玛利亚·泰勒（Maria Taylor）懂得需要做出哪些努力才能快速登上事业成功的阶梯，因为她当下就开始采取行动，并让自己徜徉于世界级导师团队之中。我知道，比尔·柯里（Bill Curry）能深刻理解夺取冠军的含义，因为他曾在世界上有史以来最伟大的橄榄球教练——文斯·隆巴尔迪（Vince Lombardi）麾下问鼎过冠军。此外，他把自己从伟大教练及队友那儿学到的经验融会贯通，并指导他人 50 多年。

指导（教练）

作为一名四分卫，我对伟大教练的价值有亲身体会。在优秀教练的指导下，我在赛场上的表现比在普通教练手下好得多。然而，为什么人们会认为教练仅服务于竞争的需要，无论是体育领域还是其他领域？教练的价值并不在于竞争，而在于技能开发。无论在什么领域，如果你的目标是通过开发一项技能来提高自己，你身边就要有一个头戴教练帽的行家。

我自己有个习惯，就是愿意找那些能给我提出具体建议的人，他能从基本技能出发，深入浅出，让这些建议物有所值。比如，为了提高演讲和写作技能，我精心挑选了一位能对我直言相告的教练。在我们成为同事之前，兰斯·萨利尔斯（Lance Salyers）曾是一名刑事检察官，他在写作和演讲方面有很深的造诣。

历经 10 余年的风风雨雨，面对法官、陪审团的唇枪舌剑，兰斯处理了很多引人注目的复杂案件并收获好评，得到嘉奖。在审理辛辛那提一名男子谋杀女友（也是其律师，当时也是一个证人）的案件过程中，兰斯因出色的表现被首都政府律师协会授予审理辩护奖。探索频道记载了兰斯曾受理的另一个关于一对双胞胎兄弟的复杂案子。兄弟俩都是儿科医生，两人几十年来多次性侵年轻的男性患者，并利用处方药和大把金钱让受害人沉默。兰斯刚转战商界时，我就见识了他在法庭练就的演讲才能，听起来妙不可言，扣人心弦，他在商界是独一无二的。

我在此与大家分享兰斯的背景情况，目的是要在总体上进一步强调教练的作用。我知道，要想磨砺自己所表达的东西，以详实的证据和令人信服的故事加以支撑，抓住听众的注意力，以一种令人心悦诚服的方式表达自己，兰斯能帮我在提升立意和具体措辞两个方面提供帮助。虽然他并没有表明自己可以做演讲教练，但这并不重要。关键在于，他能讲授在公共场合进行演讲的技能，同时将其转化为适于传授的知识，让人听得懂、用得上。

金的有关谢里尔和其他导师的观点也适用于教练。我和兰斯以前就是同事和朋友，所以我知道，身为传播者的他十分关心我和我的发展，那是发自内心的。这方面的重要性怎么强调都不过分。最好的教练不但能传授技能，提出改进建议，而且还能助你成功。兰斯以专家的身份提出的尖锐批评，即便不中听，也更容易让人采纳。我心里明白，他想让我成为最好的自己。这就是教练真正要做的事，这种指导弥足珍贵。

人们经常将“导师”和“教练”替换使用，虽然二者对我们充分掌握知识和技能都十分必要，但这并非是一回事。

为你提供指导、倾听你的经历和感受，并以深邃的洞见帮你提升认知的人，我们称之为导师；而帮你制订计划、擘画未来发展道路的人，我们称之为教练，其制订的计划也可能包含聘请教练的内容。当然，一名教练还可能有更多的具体责任。

作为一名教练，他会积极开发你的知识面和执行能力，给你布置具体任务让你接受新的信息，为你设计训练计划和各种体验，这是针对你的具体工作而开展的一种旨在开发技能的手段。也许，教练要发挥的最重要作用是仔细观察你在工作中的表现，并在此基础上提出具体的反馈意见。我们在生活的不同领域聘请教练，如减肥、吉他演奏以及打高尔夫等，也就是有意识地帮助我们训练某项技能。

导师是在更高的或者战略层面发挥作用，通常起到引导的作用；教练则注重相关技能的开发，并引领我们认真去完成。

并不是你聘请的任何人都具备导师或教练的才能，但每一次这样的接触都能为我们提供学习的机会。怀着纯粹的好奇心，每一次对话都会让你置身细微学习的瞬间，并对你的生活产生长久的影响。

第二步：测试

无论是通过导师或教练的耳提面命，还是通过书籍或播客向虚拟导师学习，如果你没有进行下一步，那么你得到的信息不会给你带来任何益处——你必须采取行动。只有通过释放动能，把有关想法付诸自己的日常生活中，你才能对所学内容及相关知识价值的理解进行检测。正如人类执行力教练托德·赫尔曼（Todd Herman）曾对我说过的那样：“你在书桌旁构思着自己完美的计划，但答案绝不会等着你。答案的获得需要你步入办公室之外的实践地点去采取行动。”

马尔科姆·格拉德威尔（Malcolm Gladwell）在其畅销书《异类》（*Outliers*）中向读者推广了“1 万小时标准”，即要想熟练掌握一种技能，人们花在练习上的时间通常会长达 1 万小时左右。事实证明，这只是整个过程的一部分。格拉德威尔经验法则大致是基于一项有关优秀执行力的研究成果，其源自佛罗里达州立大学心理学教授、康拉德杰出学者（Conradi Eminent Scholar）安德斯·埃里克森（Anders Ericsson）的研究。在我与埃里克森一起交流时，他明确指出格拉德威尔的通俗解读有违科学原理：

> 这不只是在各自领域里进行耕耘，比如就像甲壳虫乐队那样在观众面前演奏数千个小时……为了变得更好，你一定要做点什么，改变你能做些什么的感觉。我们总体上把这视为“有意识的实践活动”……当你审视这些科学证据时，如果用客观标准来衡量，你实际上并没发现，花费更多的时间去做同样的事情会提高你的执行能力。

换句话说，仅靠简单的实践还不够。对于长达数小时的实践活动，尚需伴有一种专家参与其中的反馈机制。在谈到“有意识的实践活动”时，埃里克森向我介绍了他归纳的四步流程：

- 明确具体目标；
- 确定重点；
- 即时反馈；
- 找出经常出现的不适感。

作家杰夫·科尔文在其作品中直言:“有意识的实践活动……在精神上有很高的要求,无论是纯粹的脑力活动(如下国际象棋或进行商务活动)还是重体力劳动(如体育运动等),都是如此,其中并没有什么乐趣可言。”

刻意练习就是“深度工作”(deepwork),而且需要一名教练帮你改正错误并提升你的技能[我们将在下一章进一步讨论卡尔·纽波特(Cal Newport)关于“深度工作”的概念]。想象一下,你在高尔夫球场上一个接一个地练习击球时,一名职业选手就站在你的旁边。当然,作为管理者,你要发挥的作用就是为自己的员工提出反馈意见。不过你要确保自己已经建立了这种工作机制,尤其是你所在的公司还没有为你做出上述安排的情况下。在你的生活中,谁会为你提供诚实而有益的反馈意见,从而把一项常规行为转化为有意识的实践活动呢?

在此,我举一个例子。比如你从一位导师那儿了解到,你和你的团队在开会时组织混乱,而且会议结束时也没有具体结果。总之,你可以想象一下,员工们下了很多功夫,最后却不得要领。听了导师的反馈,你欣然接受,争取做出改变。于是,你确定了一个目标:开会时要提高效率,让会议主题清晰明了。

然后你开始为实现这一目标做准备。在下一次团队会议之前,你留出时间做一些研究,阅读了解不同风格的沟通方式,并为你自己和会议制定一个清晰的策略。为了把导师对会议的反馈转变为一个刻意练习时刻,还有一件事需要你继续跟进:让你的导师参与会议。通过这一步骤,你可以在工作中建立一个反馈循环,让你的导师如同教练那样,对你的执行绩效做出评判,并就今后进一步改进会议效果提出意见。

有的时候，特别是在你不喜欢自己的导师或教练提出的反馈意见和指导时，你会发现自己很难接受别人的建议，这就是“经常存在的不适感”的来源。关键是要牢记，是你选择了自己的导师和教练，没人强迫你去雇用他们；之所以选择这些人，是因为你看中了他们的智慧和经验。每当我听到难以接受的指导意见时，我都要提醒自己：我已经做出了选择，让他们提出反馈意见，因为他们已经做过我想要做的事。从这个角度来看，他们的批评不啻为一份厚礼。

以前踢球的时候，我们不仅对每场比赛的实况进行录像，而且对训练情况也进行拍摄。从 14 岁开始，我就受益于这种反馈指导过程。虽然最初感觉并不好，但过了一段时间后，我就可以坦然面对自己的错误，接受教练的反馈意见，在比赛中适时进行调整。这就是为什么我在进行主题演讲时要尽量在现场安排一个录像师，这样，我就能与我的演讲教练一起在录像资料中审视自己的演讲。认真倾听、采纳真正的专家意见、反馈，你的学习进程就会不断加速。从这个意义上说，导师、教练或老板的付出并不只是学习的一种方法（第一步），他们的反馈意见是有效执行和检验成效不可或缺的组成部分（第二步）。

第三步：反省与调整

如果不能从内心去审视真正的原因，

便很难从经验中学到有价值的东西。

——罗伯特·格林（Robert Greene）

《人性的法则》（*The Laws of Human Nature*）作者

一旦你采取行动，把自己新学到的东西付诸实践，你很快就会转头去学习新的事物。这种“短路”过程跳过了至关重要的一步：对刚刚采取的行动进行认真地反思。把自己的学习和成长置于一个反复循环的过程中，就需要有一个回顾阶段。在工作完成之后，要抽时间去分析你付出各种努力的得失，并向自己提出以下问题：

- “我根据最新信息采取的步骤有效吗？”
- “如果有效，原因是什么？”
- “如果无效，原因又是什么？”

这个过程有别于“第二步”中的教练或者导师的反馈过程，它是独立的。在我们评价自身工作的过程中，有些东西具有独特的价值。杰出作家苏珊·凯恩（Susan Cain）在其《安静：内向性格的竞争力》（*Quiet: The Power of Introverts in a World That Can't Stop Talking*）一书中，阐述了为什么单独进行一些有意识的实践活动具有重要的意义：“这需要精力高度集中，而其他人可能会分散你的注意力；这种活动要具备深层的动机，而且它们通常是自主产生的。最重要的一点是，这项活动要涉及那些对自己而言最具挑战性的工作。”凯恩接着引用了安德斯·埃里克森在接受采访时所谈到的：“埃里克森告诉我，只有自己独处时，你才能‘直面你的挑战。如果想改进正在做的事，你就得是那个开始行动的人。想象一下，在一个群体里，你的行动只占很少的一部分时间’。”

西尔维亚·托利森（Silvia Tolisano）是一位教育工作者和咨询师，他深信在学习方面带着目的进行的反省具有重要作用。“反省是学习过程的重要组成部分，不应将其视作一种附加的东西，甚至一种在时间不够时可以丢弃的东西。我们曾听过约翰·杜威（John Dewey）引述的一句名言：‘我们不是从经验中学，而是在对经验的反省中学。’……让一个教师去‘反省’自己教授的课程或让学生‘反省’自己学习的东西，我们通常看到的是一脸茫然。反省是一种可以学习掌握的技能，也是一种习惯的养成。反省涉及元认知、思想表达以及进行相互联系的能力（过去、现在、将来、外在事物、相关信息等）。”要做到心领神会，就要经历一个自觉的转化过程，伴随其中的是不断地学习、研究和有目的的实践活动。

第四步：讲授

当你浏览互联网时，你可能读到中国古代先贤孔子的名言：“闻之我也野，视之我也饶，行之我也明。”对此，我想加上一句“教学相长”，这基于拉丁短语“docendo discimus”（寓教于学）。这则至理名言在几千年后的今天仍闪烁着智慧的光芒。通过教导他人，你得以巩固自己学到的知识，这个过程对你的学习发挥着独特的作用。

想象一下你应邀为别人做报告的情形，可能是以前在学校里要完成的一项作业，或在工作中老板让你执行的一个项目。无论报告的效果怎样，你在之前做的各项准备工作才是学习的强大动力。

有趣的是，对教师而言，为教学准备进行的学习并不是教导他人巩固学习的唯一原因。最近，在对以前发表的 60 多项研究报告进行统计分析之后，研究人员进一步了解到大声说出你所学到的东西这一特定行为本身就是学习难题的关键之处。这种做法被称为自我解释（self-explanation），它被定义为

“对提出的指令进行自我生成的解释，将提出的信息与背景知识相结合，并填入默认推论”。2018 年 9 月，有位学者在《教育心理学评论》（*Educational Psychology Review*）上发表了一项研究报告，认为无言的自释比其他方法（如做笔记、解决问题的工作过程、让学习者听取讲解材料等）更能促进学习和理解。这种学习不仅适用于学习者自主进入状态的情形，也适用于在指导教师提示下进入状态的情形。无论哪种情况，这种自释行为都会“催生有关因果关系和各种概念之间相互联系的逻辑推论……（同时也有助于）学习者认识到哪些东西是他们所不了解的”。作为一种学习方法，大声向自己解释你正在学习的内容，这种做法对于阅读难以理解的材料也不失为一种策略。

曾担任 NBA 球队费城 76 人队主教练的布雷特·布朗（Brett Brown）将此学习原则运用到了球队的文化构建中。在赛季中的休假日，布朗会请一些演讲者与球队共进早餐，并利用这一场合给球队做一次演讲。这些演讲者来自不同领域，从 M. 奈特·希亚马兰（M. Night Shyamalan）这类好莱坞导演到曾蒙冤入狱的人士等，不一而足。每个月至少举办一次，被邀请的嘉宾虽然不是名人，但也不是对任何事情都懵懂无知的门外汉。利用这几天早上的时间，球队通常安排一名队员讲话，内容是向队友们说说他感兴趣的一些事情。对中锋阿米尔·约翰逊（Amir Johnson）而言，这意味着他得谈谈有关文身的历史。至于前锋罗伯特·科温顿（Robert Covington），他要说的则是爬行动物，并绘声绘色地描述了自己的宠物麦克斯—— 一条近 4 英尺长的大黄蜂蟒蛇。

我很喜欢这个故事并把它推介到《学习型领导秀》的社交圈（在我的张

罗下聚集起来的一群才华出众者）中。我经常请圈子成员准备一篇“教学”演讲，题目自选。我们在一起讨论的究竟是什么，以及他们如何基于自己所学到的东西组织起一场最好的演讲。讨论结束后，我发现他们对自己所选题目的了解有了显著的提高（即使在他们接受任务时自我感觉已经很了解相关内容了）。我和妻子在日常生活中也在践行这种做法，我们已经养成了一种习惯，两人中无论谁读了一本好书、听了有收获的播客或者看了一部有趣的纪录片，都要讲给对方，充当“教师”的准备过程有助于更好地吸收和消化所学到的知识。

一切取决于思维模式

所有这些内在的和思想上的努力，都是为了做一件事：让你从思维定式的围墙后面走出来，置身于成长型思维的湍流中。这些术语引自斯坦福心理学家卡罗尔·德韦克（Carol Dweck）的一部颇具影响的书——《终身成长：重新定义成功的思维模式》（*Mindset: The New Psychology of Success*）。这是我个人藏书中最为珍视的书籍之一，对我影响至深，它让我知道如何看待这个世界，以及如何应对这个世界。我非常推崇这本书，在此把它推荐给你们。她的研究对象涉及数千人，包括成年人和学龄前儿童。在这一研究过程中，一幅清晰的图案就呈现在我们面前。我想用她在书中阐述的深刻见解为这一章画上一个句号。

强烈的求知欲是与生俱来的。婴儿每天都在拓展自己的技能……他们从

> 来没觉得太难或者不值得……一旦他们能够自我评判，一部分孩子会变得害怕挑战，他们担心自己不够聪明……因此，具有固定思维模式的孩子们就会想方设法确保自己成功，聪明的人总会获得成功。但对具备成长型思维的孩子来说，成功就是要延伸自己，让自己变得更聪明。

适用于孩子们的这些道理也同样适用于处于领导岗位上的人。如果你把拥有正确答案视为自己的成功之举，那你就会采取措施以维护这一形象。我们将在后面的章节里进一步探讨这种做法对你的团队文化意味着什么，但是这种思维模式也会给你带来毁灭性的影响。把成功定义成“保持正确”，这种想法会让你回避应对困难的挑战和听取反对的信息。最后，这条道路无异于让你返回自己的起点。你不会因此变得更强壮、更聪明，也不会更有能力，你将缺乏有效手段去应对自己在新岗位上所必须承担的重任。别让你当前的状态成为你潜能的天花板，牢记这句至理名言吧：“那个最好的自己永远都在路上。”

主要观点

- 在有效领导他人之前，我们必须先学会领导自己。
- 培养完成工作的技能，而不是为了得到工作。
- 为了赢得领导者的信誉，我们必须为团队成员做出表率。
- 最好的执行者具有高水平的自我认知，并使之融入日常工作中，成为生活的一部分。
- 让自己成为一台学习机器，你的运行模式就是做一个锲而不舍的学习者。

- 好奇心是促进成长的高辛烷值燃料。
- 接受教练提供的反馈意见，不断强化和巩固自己的技能，通过有目的的实践活动实现技能的提升。虽然做到这一点有一定难度，有时甚至令人沮丧，但要努力克服。
- 世界上拥有最佳表现的专业人士每天都专注于本职工作，着眼于最基本的细微之处。
- 学习的架构是由收集、消化、测试、反思与教学构成的。
- 不要让你现在的状态成为自己的天花板。那个最好的自己永远都在路上。

—行动建议—

- 列出你的本职工作并确定基本原则。
- 找出能为你增长知识、提升信誉的外部资源。
- 寓学于教。找机会教授一些你并不擅长的东西，比如，带头做一个由你提供调研结果的项目，或到当地大学做客座演讲。

chapter

02

第2章
从外在方面引领自我

作为领导者，你是自己团队的情感恒温器。

——斯科特·贝尔斯基（Scott Belsky）

Adobe 公司执行副总裁、创意云公司首席产品官

（《学习型领导秀》第 276 期）

为什么自律很重要

遵守纪律很难，但遵守纪律的人往往能完成十分艰巨的工作。这是为什么呢？因为自律可以让他们具备控制情感、克服自身弱点的能力；尽管存在诸多让自己放弃既定目标的诱惑，但纪律性将赋予他们去追求自己认为正确的事物的能力。哈维·多尔夫曼（Harvey Dorfman）这位具有开拓精神的棒球教练曾说过，正是通过自律，一个人才能成为“自己思想和情感的主人，而不是它们的奴隶”。我们在第 1 章中讨论的所有智力学习转化为物理世界中真实的、有形的变化的秘诀就在这里。这个过程从掌握我们的身体、时间和努力开始。

领导者会对周边人产生影响，因此，自律就显得尤为重要。做领导者是一项艰难的工作，同时还要忍受孤寂，这一点对于履新的管理者尤为明显。刚晋升到管理岗位，你马上就成了那些向你请示、报告者的谈论话题，他们会仔细观察你的一言一行，看你怎样应对逆境、怎样对待成功、怎样做好向首席执行官汇报的准备工作，等等。简而言之，他们在观察你的一举一动。

请注意，我并没说“你手下的人”。我之所以指出这一点，是要说明有很多双眼睛在关注着你，看你在做些什么、怎样做，但这些目光并不仅仅局限于你所领导的那些人。试想一下，把一块石头扔进池塘，涟漪便会在水面扩散开来。赋予你领导者的岗位就如同让你身负一块更大的石头，你的一举一动所引发的涟漪要大得多。但请注意一个显而易见的重要事实：涟漪不只在你投石头的方向上传播。不管你想针对的目标人群是哪些，身为领导者，因你的选择而产生的涟漪会进入你周围每个人的视野。

这就是自律非常重要的原因。

作为一个团队领导者，你总会要求自己的团队承担艰巨的工作。为了使这个问题变得可信，你必须证明自己愿意做困难的事情，你必须在前面带头。这样的领导者，众人才会追随。

自律的表现

守纪律的领导者通常会主动经历一些艰难困苦，找机会检验自己。如果不能经常置身于已知和舒适的环境以外的境遇，你就无法知晓自己究竟能走多远。这方面有一个例子，就是独自到一个国家旅游，而该国很少有人懂得你们国家的语言。作家詹姆斯·克利尔（James Clear）就用过这种办法让自己产生这种不适的感觉，之后再从容应对。克利尔向我解释道：

> 很明显，当你不得不面对些什么的时候，你就会知道自己的精神意志有多坚强……在接受测试之前，你并不知道自己是否拥有那种能力。所以自讨苦吃就是不时进行一下测试，以锻炼自己的坚强意志，确定自己是否具备了这种能力。我认为坚强的意志就像强有力的肌肉，如不使用，就会萎缩。如果你沉湎于安逸的生活，那么你的精神世界里就只有安逸。旅行就是一种应对方法。

自律应从锻炼身体做起，如早起、拉伸身体、让身体出点汗等。总之，去做那些别人在这个时间段不愿做的运动。培养自律的品格，让它融入你的灵魂，在这方面除了营养和锻炼没有什么比你在自己身体上着手更好的方法了。

现在，当我写下这些话的时候，我似乎听到有人提出这样的问题："健身和我当经理或管理者有什么关系？"对这个问题，要从内在和外在两个方面来回答。

身体外在表现是否比领导力和执行力的实际表现更重要？这种疑问合情合理，没什么不当之处。无论人们是否认为外表很重要，但客观上它确实重要；无论人们是否应该以貌取人，但客观上的确如此。对管理者的评判往往围绕着结果展开，所以我在此着重强调的不是应该需要什么，而是实际需要什么才能让别人服从你的管理。这也就意味着，就领导者而言，一种缺乏自律的外在表现留给他人的印象是：你不愿承担艰巨任务，而你却要求他人做这些事。所以你应尽力避免这种矛盾，这一点非常重要，因为人们不会一直听从那些缺乏自律的领导者。如果人们发现你在欺骗他们，他们就不会听你的。人们尊重那些身体力行的人。

从内在方面加强身体自律，这种作用比外在因素更重要。换句话说，通过自律保持身体健康，就能在思想上影响你所领导的那些人。这样做还会对你自己的思想产生更大的影响，让你在面对逆境时能够坚韧不拔。

大卫·戈金斯（David Goggins）是一名美国海军海豹突击队队员，现已退役，他曾经是一名具有超强耐力的运动员，同时还是《无法伤害我》（*Can't Hurt Me*）一书的作者。

> 通过健身锻炼，我知道自己开始找到自尊，那是自尊大门开启的时刻。对我而言，健身并非一件身体上的事，而是关乎自己精神的事，我要用这种形式把自己的精神磨出老茧。我把这些训练与精神上的坚韧画上等号，早起、训练，听起来多可怕，让人觉得很难熬、很残酷，我并不想这么做。但通过这一切，我找到了自我，我逐步看到了自己不同于常人之处。这种事关工作的伦理标准不仅伟大，而且永无止境，它成就了我的自尊和信心。

磨砺精神老茧。在他人尚在梦乡的时候起床、伸展身体，开始健身，这种置身艰巨工作般的身体锻炼，让自己收获信心，这对领导者很有价值。对你的大脑而言，这些习惯所带来的影响，也不仅仅在于能锻造你的坚韧意志。如果不去锻炼，你可能会出现脂肪肝、高血糖，或者肠胃出现不健康、身体出现炎症等，你的大脑就不在最佳状态。正因为如此，你不能挑食，要多吃营养丰富的食物，还要定期锻炼身体。这样，你不仅看上去是个既健康又刚毅的人，而且自我感觉也是如此。在我看来，自律就是要让自己身处这种状态。

响应能力

时刻以自律武装自己的头脑，对我们应对逆境而言至关重要。畅销书作家罗伯特·库森在其《深海探秘》一书中讲述了两名潜水员冒险寻找沉没的纳粹潜艇的故事，其中的情节引人入胜。但是，在这本书里，我发现最令人关注的内容却与历史或寻找第二次世界大战时的潜艇无关。关于成功的深海残骸打捞员（一种极其危险的职业）与那些在潜水时溺亡者之间的差别，罗伯特做了这样的解读："通常，难题本身并非潜水员溺亡的原因，确切地说，潜水员面对难题时的反应——恐慌，才可能是置其于死地的重要因素。"

在这个世界上，每个人都会遭遇逆境，不时会有不顺心的事情发生或遭遇逆境的打击。对于那些必须做出抉择的领导者而言，尤其如此。你做出选择，就要担负起责任，你要服务和帮助他人。一旦你的选择出了问题，跟随你的那些人的生活就会变得一团糟，而你的生活也是如此。有的人兴旺发达，有的人籍籍无名，个中差异并不在于你是否能躲避逆境。每个人都会面临逆境，但成功往往取决于你身处逆境时的抉择。

失败也是生活的一部分。亚当·萨维奇（Adam Savage）曾对我说："我不相信没经历过失败的人。"如果你没经历过失败，说明你督促自己得还远远不够。当我离开美国企业界入职 Brixey & Meyer 公司并经营新开发的“领导力咨询”业务时，我充分意识到，犯错误、被困难击倒、遭遇失败在所难免。当时我正试图拓展自己的能力范围，我知道这些都是要付出的一些代价。在我们全力推动的一些计划中，有些并不成功。我曾为一些管理者举办过一个小型研讨会，与会人员多是按自己老板的指令不得不来参加的。这是一个历史性的错误，我不得不扪心自问：“这次为什么会失败呢？”“我从中应该吸取什么教训，力争以后不再发生这种事呢？”经过认真反思，我开始认识到，是我的准备还不充分、内容还不够完整，有待进一步充实，因为这些人其实并不想参加，他们是在老板催促下不得不来的。针对这些问题，在组织召开下一次研讨会的时候，我就做了认真的会前准备，会议内容详实，讲解也很精彩。我在会前做了一番调查，以确保参会人都愿意听并且都抱有开放的心态。这里不是介绍失败的经历，而是要说明，在自己拓展和成长过程中，在面对不可避免的困境时，你选择什么样的应对方式并从中学到什么。

当团队成员和他人的目光落在你身上、失败的魔爪伸出来并打在你脸上时，世上也许没有比此时更严峻的时刻。萨拉·罗布·奥黑根（Sarah Robb O’ Hagan）感言道：“我强烈地感觉到，如果你在前进的道路上没有经历过失败，你就会更加害怕它。随着赌注越来越大，你对风险的容忍度就会进一步提高。我认为失败的确是一种重要的经历。”

萨拉的故事主要是围绕着如何从失败的阴影中重新站起来这条主线展开的。萨拉曾就职于多家企业，曾在维珍集团、耐克公司和 Equinox 俱乐部担任过高管，曾担任佳得乐品牌的全球总裁，以及飞轮体育用品公司首席执行官。此后，萨拉推出了她自己的颇具激励性的品牌和图书。然而，在交谈过程中，她并未提及自己在上述公司任职期间的成功经历，相反，谈的都是关于自己被炒的痛苦经历。“这是最恐怖也最让人蒙羞的经历之一。收拾物品时，每双眼睛都在注视着我，我觉得自己就像个罪犯。”对萨拉而言，正是她对该事件的回应能力才成就了其成功的职业生涯。“我从中学到了抗压能力，这一点很了不起。多年以后，当我试图扭转一个价值高达 50 亿美元的运动饮料品牌之时—— 一场非常公开的艰苦战役——我利用了我在职业生涯早期从失败中学到的那种坚韧不拔的意识。遭遇解雇、犯下错误，这些经历现在看来是非常有用的。”

必须亲临现场

我很幸运，可以说我的父母是我最大的榜样之一。尽管父亲整天忙着企业的管理和经营，但每次我们兄弟俩央求他陪我们一起运动时，他从未抱怨过。那时我还小，从未想过父亲刚忙完一天 12 个小时的工作肯定很累，但他从未因压力而抱怨或推脱。假如我们想在晚上 11 点去带有阻拦网的棒球场练习击球，或凌晨 5 点练习任意球，这时父亲就会忙着往发球机里投掷硬币或者弹回我们击出的球。在这些记忆中，有许多值得借鉴的经验，对我而言，其中最重要的一条是：要想成为优秀家长，你就必须亲临现场。作为家长，陪伴孩子一起活动对他们来说至关重要，远远胜过你给他们的任何礼物。

上述情形同样适用于团队领导者，尤其对新上任的领导者而言更是如此。亲临现场与团队成员打成一片，这是至关重要的一条。这样做有利于你去构建密切的团队关系，并了解他们面临的各种问题。我记得自己刚担任经理的时候，整天都被拴在办公室里，忙着进行各种自认为必要的电话会议。一位导师跟我说："你要走出办公室，深入到团队成员中去。身为经理，你要把时间腾出来关注不同方面的事情。记住，你的核心作用是指导、教授并领导好你的团队。这些事儿，你不能光在办公室里打电话或阅读电子邮件来解决。"

优秀的领导者都知道，要与自己所领导的人打成一片，就要走到他们中去，这一点十分重要。亚伯拉罕·林肯一直有个习惯，就是在自己的办公室接待"普通人"，他在那儿与来访者进行交谈并且倾听他们的心声。有时，这些谈话会影响总统的日程安排，于是他的助手就想压缩一下时间，跟他说："总统先生，你一直和这些人交谈，时间可能不够了。"这时，林肯就会说："你错了，千万别忘了普罗大众，我就来自他们当中。"

同样，身为总统的特迪·罗斯福（Teddy Roosevelt）每年都要花三个月的时间进行"旅行访问"（whistle-stop），其中一半时间在春季，一半时间在秋季。在此期间，罗斯福会与那些持批评态度的报纸编辑们坐下来交流，从而更好地了解对方的观点。

如果你发现自己的团队很分散，甚至遍布全国各地，那你可以效仿罗斯福总统，做好准备多出去走走，亲临员工们工作的现场；如果你做不到，就别揽这份差事。你可以和员工一起挤在他们的车上，体验一下匆忙中赶往下一个工作地点的感受，并在他们喜欢的地方利用午餐时间听取汇报，你不能仅通过一张地图去指导自己的下属。为了防止掉入这类管理陷阱，请牢记数学家阿尔弗雷德·科日布斯基（Alfred Korzybski）[①]提出并推广的那句浅显而含义深远的格言："地图并非真正的领土。"就是说，对事物的描述并不是事物本身。

前任国防安全问题专家、Farnam Street 网站创始人沙恩·帕里什（Shane Parrish）举了乔治·S. 巴顿（George S.Patton）将军的一个例子，清楚地阐释了科日布斯基这句格言的现实意义。帕里什写道："当巴顿在古荡思（Coutances）[②]镇附近视察部队时，发现他们坐在路边看一张地图。当他问及为什么还没过塞纳河时，部队报告说他们正在研究地图，还没找到适宜的安全渡河地点。巴顿告诉手下这些人，他刚刚涉水过来，这儿的水深不足两英尺。"

如果没到现场进行实地调查，你就无法制订任何计划和战略，也不能开展任何业务。你要渡过的河是否有两英尺深，没有比自己亲自涉水过去更好的方法。记住，一定要亲临现场。要想做出更明智的决定，你就得去现场，这样，你就能在自己领导的团队中建立信任感。亲临团队成员的所有工作地点是件难事吗？的确，这是一件很难的事。所以，管理好一个团队并不是每个人都能胜任的工作。

亲临现场所面临的挑战并非仅限于工作地点分布广泛的团队领导者。对共处同一地点的团队领导者而言，亲临现场并不是什么困难的事，但你要知道：你很可能不会去现场，这和你找个不能前往的借口一样易如反掌。要摆

① 科日布斯基（1879—1950），数学家，哲学家，普通语义学创始人。原籍波兰，1940 年入美国籍，著作有《人类成年时期：人事管理的科学和艺术》《科学和精神健全》。——译者注

② 位于法国的芒什省（法国西北部诺曼底地区）。——译者注

脱那些让你放弃与团队成员面对面交流的引力场。为了你所服务的那些人、为了团队成员之间的信任，你要到现场来，别整天坐在办公室里打电话下指示或忙着写邮件，要和自己的团队在一起。

管理一个团队与父母带孩子有异曲同工之处。相对而言，工作中的团队成员（和你的孩子）更看重你与他们在一起的时光而不是你送的礼物。如果没有这样做，那么你就要做大量的工作来仔细反思自己，以了解原因。你的团队成员想要的是清晰，把他们认为不确定的东西变得确定。你的存在以及你在他们面前所做的事，将提供这种清晰度并创造更多的确定性。

管理好自己的时间

管理学大师彼得·德鲁克（Peter Drucker）明确指出领导者如何利用时间的重要性，并将其确定为他的“五大有效管理者应具备的思维习惯”中的第一位。德鲁克写道：“有效的管理者……不是从他们的任务开始，而是根据自己的时间开始进行工作的。他们并不是从制订计划开始，而是按照实际需要分配自己的时间的。”知道你的时间在哪里，并对你的时间花在什么地方进行战略性和有意识的处理。你把时间花在什么地方是一个巨大的杠杆，可以把领导者自己的努力变成成功地领导他人。从德鲁克的角度看，要实现这一过程，需要采取一个简单的三步流程。

- **记录时间。**就如同预算控制过程中去追踪某人的花费情况一样，对你在一天中花费的时间进行统计。

- **管理时间。**删除那些耗费时间但不产生价值的非生产性任务。
- **整合时间。**对时间计划表进行管理优化，这样你就有可能在整块的连续时间里找出一些自由支配的时间（当你的存在或注意力没有被别人注意时）。

如果没在这个过程上下功夫，你将淹没在自己团队的日常时间流中，让你远离那些有价值和富有成效的工作。德鲁克又写道：

> 总有各种压力让你把时间浪费在那些无效的工作上。任何领导者，无论他担任经理人或其他什么职务，都会在一些毫无价值的事情上花费大量时间，很多时间不可避免地被浪费掉了。你在组织中地位越高，则组织对你的时间要求就越多。

把时间整合为更完整的大块时间是一种尚未被充分挖掘的方法，其价值怎么强调都不为过。只有在这些大块的不受干扰的时间里，你才能有足够长的时间专心于某一项任务，从而完成更具价值的工作。作为卡尔·纽波特的粉丝，我笃信他“深度工作”的理念。在其出版的同名著作中，纽波特对这个概念进行了解读：“深度工作指的是一种能力，它要求你在不受干扰的情况下，专心致力于一项需要一定认知能力才能完成的工作。这种能力会让你快速掌握复杂信息，并在较短时间里取得更好的效果。”深度工作的特点是需要你调动自己的认知资源，利用你的创造力，并保持你的专注力。与之相反，浮浅工作（shallow work）是指那些不需动脑筋的简单的事务性工作，通常不用花费太多精力就可以顺利完成。类似于回复电子邮件或参加会议等事务就属于浮浅工作的范畴，虽与我们的工作有关，但几乎没什么实际成效。

当你认真进行自我评价时，你很可能会吃惊地发现自己在工作时把大量时间用在那些浮浅工作上面。如果你的生活都在应付浮浅工作，那么你就是一直行走在通往平庸的危险道路上。这听起来很残酷，但却是事实。要想在工作和生活中取得实实在在的进步，你就得有意识地专注于深度工作并持之以恒。你要切实做到每天在自己的日历上规划出相应的时间来做这项工作。正如纽波特在与我交流时向我强调的那样："你只需做好必要的浮浅工作以免被老板解雇，这样你就有时间去做些深度工作，而这种工作能让你得到重用。"

在时间管理上，你要善于把握策略：利用每个工作日的最后 30 分钟规划一下第二天和本周剩余几天的工作，其中每天至少安排一个小时用于深度工作。通常深度工作都不是急活，但无论是对职业发展（提升自己的工作能力）还是对一个关键项目而言，这种工作都具有极为重要的意义。放下手里的电话，关闭你的电子邮件，一心扑到手头的工作中去吧。

莱特兄弟在俄亥俄州代顿市城西属于自己的自行车铺里制作了第一架飞行器。我本人也来自代顿市，所以对他们的这段经历情有独钟。相对于同时代的其他人（美国及国外），莱特兄弟面临资金严重不足的局面，而且也缺乏来自外界的支持。在那个年代，飞行器制造已是世界上最具竞争性的专业领域之一，尽管如此，两兄弟仍积极努力追寻着自己的目标。

然而，即使在这种狂热的竞争气氛中，两兄弟仍要花很长的时间从事深度工作，在那些旁观者看来，二人的行为简直不可思议。约翰 · T. 丹尼尔斯（John T. Daniels）是莱特兄弟的邻居，曾拍摄了一些二人飞行中的照片。"我们当时觉得两兄弟就是一对狂热的傻瓜，"丹尼尔斯说，"有一段时间，他们常去海边，站在沙滩上，看着海鸥在空中飞翔，看着它们扎进大海，一站就是几个小时。我们都觉着两兄弟着魔了。他们挥动着手臂，一会儿这个姿势，一会儿那个姿势，不停地像鸟一样上下弯曲胳膊和手腕，这种执着真令人惊叹。”

如果你想制作一个飞翔的东西，为什么不去看看那些已经会飞的东西呢？站在北卡罗来纳的沙丘上观鸟，在旁人看来近乎是疯狂之举，但对莱特兄弟而言却有实际的意义。莱特兄弟经常停下手中的工作去观察鸟类的活动，我坚信我们每个人也能而且也应该做得到。你怎样看待观鸟这件事呢？如何才能更好地将深度工作落实到你的日常活动中呢？

习惯：潜意识行为的力量

好习惯能让我们更始终如一。随性度过自己的一天无助于让你的行为前后一致。在谈及习惯时，我要说的是，你可以通过建立一个行为系统或一种框架从而实现行为的连贯性。如果你是一个不可靠的人，那你的团队成员也不会相信你。对于你能否亲临现场并进行日常管理，他们会有疑问吗？如果出现这种情况，那么他们对你的信任度就会下降，也会伤及你作为团队领导者的形象。好习惯会让你言行一致，提升自己的信誉度，进而赢得更多信任。这一切都是从你自己的日常习惯开始的。

习惯之所以很重要，原因在于它具有驾驭潜意识活动的能力。身为曼哈顿项目工程师的查尔斯·C. 诺布尔（Charles C. Noble）将军说过：“首先我们要养成自己的习惯，反过来这些习惯也成就了我们。”如此，你就能果断采取行动，不用大费周章、搜肠刮肚地为是否要采取上述行动而纠结。我在早上 4 点 44 分起床，开始了自己清晨一系列的规定动作（伸展身体、喝 20 盎司[①]水、在日志里记事、阅读、举重/跑步、与家人一起吃早餐、开车送女儿上学），这些事都不用再去考虑，因为这些习惯已经融入了我自己的身体，已经成了身体运行系统的一部分。作家及习惯养成专家詹姆斯·克利尔说过："我们达不到自己理想目标的高度，但可以降至自身系统的水平。"

建立一个有用的习惯系统对自己生活的各个方面都是有益的。每天抽出一个小时进行深度工作，这种习惯可以确保学习成为自己每天生活的一部分。每天早上进行感恩练习（写出 10 件让你感激的事情）的习惯，会改变你的心态，激发你作为团队领导者乐观向上的情绪，并为你赋能。我爸爸经常对我说："当领导的，每天都要有个好心情，这是他的责任。"没人希望和一个整天牢骚满腹、愤世嫉俗的人在一起。养成这些有益的习惯，你将为自己建立一个系统，让自己在一种适宜的精神状态（乐观的、充满活力的）中去管理别人（以及你自己）。

> 习惯很强大但又很微妙，它可以游离于我们的意识之外，也能被刻意塑造出来。它常会未经允许自己就跑出来，但也可以通过调教进行重塑。这些习惯塑造了我们的生活，甚至超过了我们所认识的程度——它们异常强大，以致我们的大脑都要依附它们，把包括常识在内的其他一切都排除在外。
>
> ——查尔斯·迪希葛（Charles Duhigg）

① 1 盎司 =28.35 克。——译者注

赢在清晨

杰西·科尔（Jesse Cole）和妻子埃米莉（Emily）为实现他们的梦想赌上了全部家当：他们于 2015 年 10 月在海岸平原联盟（Coastal Plain League）建立了一支新的团队。他们在佐治亚东部的萨凡纳市（Savannah）找到一座废弃的仓库并在此开展业务。最初的几个月里，他们仅售出了少量门票，到了来年的 1 月 15 日，他们花光了钱，透支了账户，刷爆了信用卡，连房子也卖了，最后只能睡在一张充气床垫上，到处打工维持生计。他们需要做些什么来改变这种窘境。在拜读了哈尔·埃尔罗德（Hal Elrod）的畅销书《早起的奇迹》（*The Miracle Morning*）以后，杰西开始运用 **SAVERS 方法**，力争“赢在清晨”。

- **安静（Silence）**。冥想、祈祷、呼吸，让你的心平静下来。
- **镇定（Affirmations）**。用言语鼓励自己去完成准备要做的事并战胜各种恐惧。
- **可视化（Visualization）**。想象你正在一步一步做着自己渴望的事情。然后，想象一下自己成功的感觉。（我在进行体育运动时常采用这个方法，它能让我在大赛前进一步放松自己。我甚至会对自己说：“我要做的一切就是做好自己的工作。我在之前的练习和比赛中，已经做过上千次了。”）
- **锻炼（Exercise）**。让你的身体动起来，出点儿汗，加快血液循环。约翰·瑞迪（John Ratey）博士在其撰写的《运动改造大脑》（*Spark: The Revolutionary New Science of Exercise and the Brain*）一书中说：“体育锻炼能使大脑迅速从疲劳中恢复，变得清醒，并让你在两三个小时内精力高度集中。良好的血液循环使脑神经组织在细胞层面的新陈代谢变得很活跃，细胞内废弃的代谢物被新合成的蛋白质所取代，从而使脑功能重新处于兴奋状态。这一发生在脑神经组织内神奇的新陈代谢过程，可以被有规律的锻炼促进和增强。”根据杜克大学研究人员的研究结果，有规律的锻炼对深受抑郁症之苦的成年人有明显的效果，其作用不亚于抗抑郁类药物。当身体处于运动状态时，你的大脑能记住更多东西。在美国运动医学院《卫生健康杂志》（*Health & Fitness Journal*）上公布的一项实验中，学生们被要求记住一串字母，他们可以跑步、举重，或安静地坐着。结果是，与那些留在座位上的学生相比，去跑步的学生能更快、更准确地记住那串字母。

- **阅读（Reading）。**学习他人的经验并且专心阅读一本书。让自己进入学习模式，开始新的一天。
- **做记录（Scribing）。**写作或写日记。这是一个很好的方式来记录你的信念系统，创造一个更有思想的心态。它将帮助你加强自我意识，并定期花时间进行反思。

在遵循 SAVERS 方法的同时，杰西还将感恩作为他“赢在清晨”的另外一项。在过去的两年中，他每天早上都会给不同的人写一封感谢信。事实上，我也收到了一封，这是我曾经收到的最让人欣慰的感谢信之一。一直以来我都很幸运，经常能从自己的播客粉丝那儿收到不少体贴入微的私信，但杰西的感谢信很独特，里面洋溢着浓厚的感激之情。我被他的感谢新信深深打动了，于是我马上与他联系见面并进行了长谈。这一切全都源自他“赢在清晨”并以感恩做起点的理念。这个“感谢你”实验是从 2016 年 1 月 1 日开始的，当时恰逢萨凡纳处在比赛最激烈的艰难时刻。当我们谈及此事时，他对我说："如果你想成为自己团队最好的领导者，就必须成为自己最好的领导者，我从这一具有挑战性的过程中学到了这些。我必须有目的地开始每一天，并在每一天对自己拥有的机会以及周围生活的人心怀感激。"

2016 年，萨凡纳香蕉队（Savannah Bananas）在创造了一项单赛季联盟上座率纪录之后，成为海岸平原联盟本年度最杰出的团队，杰西和埃米莉则被授予该联盟年度最佳主管的称号。2019 年，萨凡纳香蕉队打破了他们自己的上座率纪录，创造了连续 100 场门票售罄的新纪录。2020 年 1 月，萨凡纳香蕉队宣布已经售完 2020 年的全部门票。

做好准备：医治恐惧的最佳良方

"如果不认真做准备，你就得做好失败的准备。"我在森特维尔读高中时曾把写有这句名言的标牌悬挂在学校橄榄球队的更衣室内。和实际比赛相比，平时的训练更艰巨，也更具挑战性。当时的教练员就是这样告诫我们的，事实证明的确如此。

我们的准备过程就在冬天凛冽的寒风中开始了。全体队员一起练习举重、奔跑，进行反应训练，一起观看训练效果录像……到了夏天放假的时候，其他同学们不用上课了，但对我们而言，工作负荷却增加了许多：每天清晨 4:30 开始锻炼（举重、跑步），接着是基本技能训练（投球和接球），然后一起观看录像，检视训练效果。到了比赛季，我们还会一遍又一遍地反复训练，直到筋疲力尽并完全掌握动作要领。我们甚至可以不假思索就能完美地做好每一个动作。

轮到我们上场比赛的时候，我们已经做好了充分准备，已经没什么可担心的了。没有任何理由能让我们担心能否像计划的那样完成自己的动作。经过数千小时的训练准备，我们对各种动作已经形成了肌肉记忆。作为一名四分卫，能在俄亥俄州连续两个赛季的比赛中指挥进攻并赢得最高分，我感到很幸运。每当我想到一项令人生畏的任务（如参加铁人三项赛或给数千人作报告）时，我就会记起那句名言："做好准备是应对恐惧的最佳良方。"充分的准备是信心的终极源泉。进行充分的准备，其结果必然会将自己驾驭重大考验所展现的信心转化为巨大的动能，而这种动能是驱动飞轮的第一步，让你得以从容地一遍遍这样做下去。

> 当缺乏信心时，你的智商和情商都会下降。这是因为，当你可以集中注意力主动思考而不是被动思考时，你就会产生自我意识。这是一种在积极和成效性的文化中鲜为人知的方面之一——释放人类潜能的必要条件，而不是让他们背负着适应或讨好他人的认知负担，来捍卫自己的与众不同。

如果你要在某一时刻去做一件事，你的准备过程是什么呢？作为一位管理者，你随时都要展示自己的优秀才能。为了这些重要时刻，你要有做好各种充分准备的意愿，这对于保持领导者的优秀品质来说至关重要。汤姆·彼得斯对此毫不隐晦，而且很少有人比他更直白。他说："老板，不管你喜欢也好，不喜欢也罢，反正会议是你在主持。如果会议不能激发与会者的想象力和好奇心，不能增进共识和增强凝聚力，则意味着你会永久丧失展现卓越能力的机会。"要想激发团队成员的想象力和好奇心，你就要做好充分的准备。

会议怎么开场？把什么列入议程？为了会议成功，你要唤起团队成员的热情并让他们开动脑筋。为此，你将与他们分享哪些内容？其实，多数人对参加会议没什么兴致，而你作为领导者，怎样去改变这种现状呢？你该如何与每位团队成员单独会见做准备呢？你是否考虑过每个人特有的品质和个性，以及如何尽量与他们沟通呢？所有这些问题，你都要有预案，都需要你主动思考并做出努力。为了做好这项工作，领导者必须花时间进行思考并为这一时刻做好准备。关于这一点，我特别喜欢引用葛底斯堡战役中的英雄张伯伦的名言。有关他的情况，我们在第 2 章已有过介绍。他说："我们不知道未来会怎样，也无法计划得太多。但我们可以确定并知道，无论何时何地，我们将来会成为什么样的人。"如果你处于常备状态，你就不必提前准备。

临阵前搞个仪式，让自己的身心做好准备。我有两三套专门在演讲时穿的服装，我知道，一穿上这些衣服，就该是我发表主旨演讲的时候了，在其他场合，我从不穿这些衣服。不论做什么演讲，我在开始前都会听听相同的音乐，在自己的客房里做些例行的伸展运动，并且按常规随手做一些笔记（在纸夹上贴一张纸，在上面记点儿想法、情节、业务开展情况等）。这些听起来可能让你觉得零零碎碎，但却在提示我，已经到了尽最大可能发挥自己才能的时候了。为此，我们要感谢所有听众，作为领导者，我们要把这一切归功于自己所管理的人们。

细节决定成败

作为领导者，你不要觉得细节太小而不值得去关注。约翰·伍登（John Wooden）在过去从事教练工作的12年里，曾带领加州大学洛杉矶分校男子篮球队实现了创纪录的10次问鼎全国冠军的壮举。在此过程中，他在每个赛季开始时召集的第一次会议，采用的都是同一种形式：教授球员们怎样正确穿好袜子。为此，他甚至亲自做出示范。他会仔细缠好脚趾、脚面，接着是脚后跟，再向上拉紧，直到舒适妥帖为止。然后，他再返回脚趾的位置，沿着袜子整理、理顺，确保不留褶皱。在一次为他举办的晚会中，伍登对此解释道，这样做的目的有两个：首先，褶皱肯定会让你的脚磨出水泡，而脚上的水泡会让你损失比赛时间。通常，优秀球员因脚上起泡而损失比赛时间是导致输掉比赛的重要原因。伍登诙谐地说："你们损失比赛时间就会让我这个教练下岗。"其次，他想让自己的球员认识到，那些表面上看起来很琐碎的细节是多么重要。"细节决定成败"，这便是伍登教练的信条。

四分卫的回撤步伐

从2005年5月份毕业算起到2006年初，我离开大学还不到一年。在此期间，我参加了两次美国国家职业橄榄球大联盟选拔赛，但都没成功，我想自己的橄榄球生涯已经到头了。摆在我面前的是一个在企业界从事B2B业务的全新职业生涯。然而，出乎我预料的是，室内美式橄榄球联盟（Arena Football League，AFL）伯明翰Steeldogs队的主教练给我打了一个电话，于是我整理行装赶往阿拉巴马，加入该球队并担任首发四分卫。

没过多久，我就意识到，AFL 的风格与我过去的经历迥异。比赛开始时，只有 3 名攻防队员，这缓解了后卫之间的拥挤，这样防守队员便能找到更好的机会以更快的速度冲向四分卫。事实证明，正是得益于这种差别，AFL 成了一个极佳演练场，训练四分卫抢先掷球（在接球队员张开手掌之前掷出）并迅速脱手（如不这样，你在被别人抱住之前就没机会了）。就在几年前，库尔特·沃纳（Kurt Warner）就曾运用自己在橄榄球联盟的经验，引领圣路易斯公羊队（St. Louis Rams）在 1999 年第 34 届超级碗比赛中赢得胜利，并于 1999 年和 2001 年两次被评为美国橄榄球联盟最有价值球员，从而登上成功之巅。

要想在这种新赛事风格里获得成功，我需要认真盘算，怎样能像我在大学期间比赛时那样，用相同时间和相同步数尽可能回撤。为了寻找答案，我认真研究了 AFL 其他四分卫的录像，他们在这方面做得很好。我注意到一个细节，有些四分卫采用了一个被篮球教练称作“后撤步”（drop-step）的动作。中锋队员在等待开球时，这些四分卫向后移动左脚，与右脚相距大约 6 英寸。这个极小的调整可以使我处于一个极佳的姿势，让我在回撤时能抢先一步。如此一来，这种技法让我得以在接到中锋的后传球前有更多回撤的机会。然后，我会以左脚为中心用右脚迈出第一步，就像我以前一直做的那样。

这一细节的改进收获了戏剧般的效果。尽管挪动的步数（3 步、5 步或者 7 步）相同，但这种普通的回撤步伐却让我得以在迎面而来的冲撞之间多赢得一码的距离，而这额外的一码为我赢得了大约 1/3 秒的宝贵时间去找到接球队员，提前预判好他的位置并把球传出去。我左脚的些许调整，让自己赢得了几码，不致被对方球员抱摔，而且得以及时把球传出去。两种结果差别巨大。试想一下：6 英寸的距离所赢得的 1/3 秒时间为赢得比赛奠定了基础，否则比赛很可能会输掉。可见，细节是多么重要。

我们怎样讲话

“重要的事决不能靠碰运气。”从小时候起，父亲就常对我说这句话。怎样去影响最终用户，怎样尽自己最大努力进行沟通，如果能对这些细节进行深入的研究，那么作为领导者，我的工作就会容易许多。有人从未真正认识到自己的公司要为其服务对象做些什么，而这样的人随处可见。练习“我们怎样讲话”这一点极为重要。启动电话上的录音应用软件，对着它说出你在下一次会议上的开场白，把自己说的话录下来，反复听听。听上去感觉怎样？这些细节是很重要的。鞋子挤不挤脚自己知道，站在自己团队成员的角度去看问题，你就能从他们的视角感觉到正在发生的一切。

有太多人对自己的言辞抱着想当然的态度，其实，他们并不了解这些话的分量（如果运用不当，效果大不一样）。卓越领导者讲话时通常很谨慎，就像他们向一位潜在客户提出建议一样。他们这样做的目的是为了更好地了解客户，知道怎样才能获得最佳反馈。这方面我有一个例子，选自我父亲基思·霍克（Keith Hawk）和迈克尔·博兰（Michael Boland）合著的《实际销售》（*Get-Real Selling*）一书中所提出的“魔力提问”（magic question）。以前总有人问父亲：“什么事让你夜不能寐？”后来他开始对这种提问感到厌烦。所谓的“魔力提问”，是我父亲仔细琢磨后构思出来的。“什么事让你夜不能寐”是一些专业销售人员多年来经常向客户提及的问题。与此相反，父亲建议他们用“要想获得成功，必须要做好的几件事都是什么”。这句问话既有新意也更中听，其灵感来自父亲对着手机讲话并演练会议开场白的实践。

我发现，在我所领导的团队中，关注人际关系的一些细节是非常有用的，这一点简直令人难以置信。我启用了一个叫作“开始了解你”的文档，目的是更好地了解团队成员和同事们的为人。通过该文档，我可以获得许多有价值的信息，这样，我就能够向那些热爱团队的人表达自己的关爱。我会给他们的孩子发些电子游戏（根据孩子们在亚马逊网站上留下的愿望清单）或一些甜点，并附上一张便条：“致萨拉和杰里米：你们的妈妈正为工作忙得不可开交，你们应该为她骄傲。我知道她这样努力工作是为了你们和你们的家。这些甜点和电子游戏是我的一点谢意，请享用。”太多的领导者忽视了为团队成员服务的这些微小但重要的部分。

身为领导者，不断分析并关注各种细节是至关重要的事务。这些细节日积月累，关乎成败。在你履行领导者角色时，有些细节不可忽视：向团队成员打招呼的方式（微笑、问候每个人，直截了当地表达出来）；开会时怎样开场（感觉乏味吗？有预案吗？有影响力吗？）；办公桌是否保持整洁；组织工作的过程如何。这类问题不胜枚举，细节决定成败。

没有太小的细节

杰森·盖尼亚（Jayson Gaignard）是“智囊讲坛”（Mastermind Talks）的创始人，该讲坛是一个企业界社团，成员有严格限制，未受邀请不得参加。2016 年，我曾飞往加利福尼亚州的欧哈伊市（Ojai），首次参加“智囊讲坛”。从到达饭店那一刻起，我便清楚地意识到，各种深思熟虑的安排贯穿于整个活动。当我手持杰森及其妻子坎迪斯（Kandis）亲笔书写的通知到来时，就有人把我迎入了这座美丽的宅邸。我对出席者的身份和背景有所了解，而且常听以前的参加者说起，第一天晚间的活动常给人一种家庭聚会的感觉。所以，像我这样的首次与会者，参加第一天的晚间活动往往给人有一种假冒者的感觉。

杰森对最小的细节也能做到细致入微，让客人感到宾至如归。第一天出席晚宴时，我发现坐在自己周边的人有许多共同之处：他们都是父亲，爱好体育运动，曾上过讲台做主旨演讲并分享自己的想法。杰森那天晚上告诉我，其实，他在如何安排座位上花了更多心思："精心安排这 150 个座位对我而言极为重要，我尽量让每个人都有一段难忘的经历，但具体做起来却很困难，需要花不少精力和时间。"

杰森对细节的关注到了令人不可思议的程度，而且还不只如此。在最近的一次活动中，下午短暂休息后，我回到座位上，发现面前摆了一盒塔加隆（Tagalongs）饼干，巧克力和花生酱女童子军饼干是让人觉得吃了就有罪的零食。我抬起头，环顾四周，发现每个人的座位上都摆了一份特定的零食——其实，在参会者情况表中，有一个栏目就涉及此项内容。组织一项 150 人规模的活动时，在每张桌子上放置一份包含格兰诺拉燕麦卷、水果和咖啡等食物的套餐，既方便客人且成本也不高，而如此精心的安排就不是一件轻而易举的事儿了。

对细微处和个性化细节的关注往往可以评判一个人的行为，看你做得是不错还是很出色。"做任何一件事都能反映出你做每一件事的态度。"这就是杰森秉持的信条。而他每天抽时间亲力亲为，细致入微，彰显了他践行这一信条的态度。我有一种感觉，在收到我第一份回复的电子邮件后，他会做出相应的安排（5 年前我曾邀请他做我的播客的首位嘉宾）。在电子邮件的签名中，他引用了丹尼·迈耶（Danny Meyer）的一句话："生意，就像生活，都是关于你给他人的感觉。就是这么简单，也是这么难。"

芝加哥白袜队（Chicago White Sox）创始人查尔斯·科米斯基（Charles Comiskey）曾经说过："生活中的小事才是最重要的，但无关紧要的漏水会使水库变空。"请认真对待团队中的每一个细节问题，比如，你管理的组织架构及同事关系，你参加的以及你主持的会议，你发出的和你没有回复的电子邮件，面对挑战时你选择的应对策略，你努力展现的工作作风，你建立的团队文化以及你聘用的人员，等等。作为领导者，关注这一切对你履行职务至关重要。

主要观点

- 自律非常重要。对困难的工作要亲力亲为，唯有如此，才能让别人心悦诚服，才能要求他们做同样困难的事。
- 坚强的意志就像一块肌肉，用则强健，不用则萎缩。寻找不好做且令人不舒适的事儿去做，超越自己的常态。
- 一旦有人认为你是个骗子，就不会再听你的了。
- 伤害你的不是问题本身，而是你选择处理问题的方式。
- 不管在身体层面还是在精神层面，亲临现场、亲力亲为十分重要。为了做出更好、更明智的决定，需要你亲临现场。
- 整合你的时间，这样你就能用更长的时间从事深度工作，可以不受干扰地专注于认知性更强的工作，进而提高这方面的能力。

- 养成良好的习惯。优秀的习惯会带来一致性、可靠性，以及你的团队的信任。
- 赢在清晨。
- 做好准备工作是消除恐惧的最好的良药。做好准备可以将信心转化为动力。
- 你如何说话很重要。

— 行动建议 —

- 创建你的清晨规划，并把它写下来，实践你的想法，并做出相应调整，以达到最佳效果。
- 做好日志，记录你对重要事件的看法以及你选择的应对方式。
- 审视你面对重大时刻（如演讲、与首席执行官会面、与自己团队成员的一对一交流等）的准备过程。确保自己以最佳方式主动、认真地进行思考，从而在这些场合中有上佳表现。
- 选择并实施一项新的自律活动，为期30天。比如黎明前步行30分钟、阅读《华尔街日报》等。
- 用两周时间认真记录你是如何充分利用时间开展工作的。对于哪些属于深度工作，哪些属于浮浅工作，要加以界定并进行标注，目的是腾出时间或集中一整块时间进行深度工作。

第二部分

构建自己的团队

BUILD YOUR TEAM

我接到一个电话，通知我已获晋升并担任经理职务，那时我想的是抓紧做好准备，并以最大的正能量迅速行动起来。我坐下来制定自己的工作流程、方案和目标，并准备与自己的新团队共享这一切。但我也知道，在走出这一步之前得先听听团队成员的意见，这一点极为重要。

于是，我求助于负责人力资源事务的搭档，督促她在我开始与团队成员交流之前尽可能真实地了解他们的想法。为此，她用了数小时与成员们进行了交流（我没有在现场）。在此过程中，她提了一些问题，比如“你最关心的是什么？你最大的希望是什么？你需要些什么”等，有的问题是向某一个成员提问的，有些则希望大家回答。这位同事在新老板来临之际通过传递这些信息获得了团队成员们的信任，在她的努力下，这项沟通获得了很好的效果。她从团队成员那里了解到，过去的措施中哪些有效，哪些效果不佳；我怎样做才能在公司层面给他们以最大限度的支持；如何为每个人安排最佳岗位，让他们自始至终都能取得最佳业绩。

随后，我走进房间。这位人力资源同事和团队成员一道，为我勾勒了一幅他们心目中优秀领导者或管理者的形象。然后，我们一起畅所欲言，把会议上交流的各种问题又过了一遍。这种氛围为自己新的团队成员营造了一种表达想法的安全环境，大家知无不言，言无不尽。我认真做了记录，并根据了解到的情况开始采取行动。

作为刚上任的管理者，你无法在每次面对一个新团队时都去重新构建自己的准则和理念，你首先让自己当好一名倾听者，并在你的风格与他们的建议之间找到契合点，这很重要。我们每个人都希望领导者能倾听自己的想法并给予足够的重视，我们希望别人听到自己的声音。这些交流能帮助我们迅速建立起相互信任、充满活力以及真诚、互动和开放的文化氛围，这种文化也构成了我们共同开展工作的基础。可以说我们正扬帆起航，踏上了新旅程。

赢得现在及后来团队成员的尊重，以及营造能够成就卓越工作的文化，是团队构建阶段的全部内容。根据我个人的经验以及我曾有幸访谈的一些人的真知灼见，我深信，要想建立一种追求卓越的文化，在管理团队的过程中，就要时刻想着为员工营造一种心理安全的氛围，让他们在工作中树立起主人翁意识。在我曾经历的几个最优秀团队（无论是在体育还是商业领域）中，教练员或管理者都会秉持高标准、严要求的理念，并在团队中树立主人翁意识。

在这一过程中，首先要弄清楚，构建一种追求卓越的文化，其中的内涵是什么。作为领导者，你在日常管理中怎样去做，怎样去维护，并使其一以贯之。这就意味着，你要鼓励人们的求知欲和创新意识，并为之营造一种氛围；另外，要改变现状，有时必须做出一些艰难的决定，你对此要给予理解。在这个过程中，“如何”去做，则是一个困难的问题，我们将在后面对此进行讨论。重要的是，你要根据自己（以及你的团队）的特点，把它变成一种自觉行为，让人们感受到真正的主人翁精神。

作为新任领导者，我们对事物的认知已经发生了改变，但我们可能会忽略这一点。有了新头衔，公司会赋予我们一定权力，我们必须时刻意识到这一点并采取相应的行动，要想好如何行使这种权力并为自己的团队服务。任何改变都会遭遇阻力，你选择如何应对呢？为此，你必须有所准备。

作为管理者，你要严格审视各种重要决定。比如，让什么人加入，让什么人离开等，这些决定对你的职业生涯往往具有决定性意义。人的使用问题关乎一切。要弄清你需要什么样的人才，最重要的是如何找到他们，怎样才能留住他们。在这方面，我的一些想法可能让你感到意外。但从长期看，我敢说，这些想法对你、你的员工和团队，都是你能做出的最佳的抉择。

chapter
03

第3章
培植团队文化

要想举办一场出色的晚会就得邀请出色的嘉宾。

——马库斯·白金汉

畅销书《首先打破所有规则》作者

（《学习型领导秀》第305期）

文化的本质

文化难以定义，既看不见又摸不着，在企业里尤其如此。如果在同事间做个调查，你很可能会收到各不相同的答案，五花八门，种类之多堪比你征询的人数。据我的经验，文化是一个组织内各成员精神要素的集合。文化不是乒乓球台，不是墙壁的颜色，也不是免费快餐，它是一个团队、组织或企业内部的一种共同的精神活力。我们之间的互动方式即社交系统，来自内部成员所创建的文化，而领导者在文化构建过程中发挥着举足轻重的作用，这一点并不足为怪。

“文化”一词源自拉丁语 cultura，意思是“培育”和“关爱”，而 cultura

是从拉丁语 colere（意为“照看或保护”）一词逐渐演化过来的。但“文化”比其词源学中的含义有着更丰富的内涵。正如人类学家克利福德·格尔茨（Clifford Geertz）在其《文化的诠释》（*The Interpretation of Cultures*）一书中指出的那样，文化极易与社会系统混为一谈。在谈及某一组织机构的文化时，我们只有了解文化和社会系统这两者的不同含义，才能充分表达自己的想法：

> 从人类诠释自身经验并指导其行为的角度来说，文化是一种思想表达的体系；而社会体系则是行为所具有的形式，是现存的社会关系网络。因此，文化和社会体系只不过是同种现象的不同抽象表达而已。前者的着眼点是某种社会行为对其实施者的意义，而后者则着眼于对某些社会体系有效运行所发挥的作用。

不管你是否留意过，你自己的团队文化正在日复一日地逐步建立起来，或许，你建立自己的团队文化是有意而为。但无论是精心设计还是惯性使然，你的工作成果都将源于你所培植的文化。“先有文化后有成果，”旧金山 49 人队的传奇教练、史上最著名的教练之一比尔·沃尔什坦言，“夺冠并非是踏上通往胜利终点的征途后才有的想法。之所以成了冠军，是他们在此之前就已经按冠军的标准行事了。”

《极度成功》（*The Culture Code*）的作者丹尼尔·科伊尔（Daniel Coyle）认为，卓越文化可以用教育的方式获得，尽管我们常常认为它是一成不变的。我们的文化来自我们周边的人们，人类学家罗伊·丹德拉德（Roy D’Andrade）也持同样的观点：

每个人的认知中有相当一部分来自他人。别人的讲授有些是正式的，有些是非正式的，可能是有意识的，也可能是无意识的。学习既可以通过观察实现，也可以通过学习实现。无论用什么方式获得，其结果都将形成一种知识集合体，我们称之为文化，并且一代又一代传承下去。

要想在全体成员之间培育一种彰显自尊、友谊以及相互信任的团队精神，就必须做出一番努力。这份重担自然落在位列“每日通告表”（daily call sheet）首位的领导者身上。“每日通告表”是电影业的一个术语，指的是一天中的拍摄计划，并据此通知每一位演员出场的时间。作为主角，你的戏在片中的分量自然很重，因此会安排你第一个出场。关于“每日通告表第一号”所应承担的责任，传奇人物罗宾·威廉斯（Robin Williams）曾给尚处于演员职业生涯早期的约翰·克拉辛斯基（John Krasinski）一些忠告。下面这段话是克拉辛斯基在接受《好莱坞记者》（*The Hollywood Reporter*）的播客——《获奖感言》（*Awards Chatter*）主持人斯科特·范伯格（Scott Feinberg）访谈时讲的一个故事。

有一天，他对我说：“我觉得你在这个行业前程远大，唯一想跟你说的是，你总有一天会位列‘每日通告表第一号’。要知道，那不是享受，而是一种责任和担当。你的工作就是把戏拍好，而且你是拍摄现场的主心骨。所以，你必须保持精力最充沛的状态，说话尽量和蔼，尽量和善待人。把责任担起来，这是件多么荣耀的事儿，兹事体大，切不可忘记。”威廉斯不仅在讲道理，而且还以身作则。“有一次我们到牙买加拍外景，他对我说：‘你看，今天空调出了问题，但我不会说这儿太热了。如果抱怨，其他人也这样抱怨，那我们的戏就没法拍了。’”

关于如何构建并维持一种追求卓越的文化，WD-40 公司首席执行官加里·里奇（Garry Ridge）就是一个很好的例子。在管理这个仅有一种产品的公司期间，里奇从没解雇过一名员工，该公司员工的保持率高达全国平均值的三倍。一项全球性雇员意向调查显示，WD-40 公司的员工中有 93.1% 参与调查，其中 96% 的人对自己的上司表示信任。加里跟我说："要让员工感觉自己处在一个值得信赖的环境中，并且身边的人都希望自己成功。我们把员工的发展视为领导者的一项重要责任。"

领导者不回避和掩饰自己的弱点，这是 WD-40 公司文化的重要组成部分。对加里来说，在伴随公司成长的过程中，他学到的最重要的几个字是：我不知道。"作为领导者，如果你能接受这样一个事实，即自己并非什么都知道，同时又能让自己与团队融为一体并鼓励员工分享各自的想法，那么你就能营造出我们所追求的那种神奇的文化。我总是抱着谦虚的态度，认真倾听别人的意见。"他秉持开放的态度倾听别人的想法，让团队成员明白，他们能对公司的发展发挥自己的影响。用加里的话说："我从不会失去什么，要么成功，要么增长了见识。在 WD-40 公司，我们不会犯错误。我们有许多学习的契机，对我而言，微观管理事务不可或缺。要想把公司那款蓝黄罐身、红色罐顶的罐装产品推向世界，就必须围绕下列课题构建自己的团队文化：我们为什么存在，让人们享受自由的价值理念是什么，易于理解的战略驱动力是什么。这也正是我们所做的。经过广大员工的共同努力，我们的销售额从 2.5 亿美元增长到了 16 亿美元。"

加里的经验证明，在一个充满激烈竞争的市场环境中，做一个以人为本的领导者不仅可能，而且也是一种最理想的工作方式。虽然历经了财务方面的困难，但他仍拒绝用裁员的方式解决问题。他采取各种改进措施成功渡过困难时期，并承诺渡过难关后“至少多雇用一名员工”。他的座右铭是：“我不是给你打分的，而是助你获得高分的人。我不会拿失败当成指导员工的素材，相反，我要营造一种鼓励知识分享与不断学习的文化氛围。要让员工感到自己身处一种可信赖的环境，身边都是一些希望他们成功的人。我们把员工的发展问题作为领导者的一项重要责任。”他没把员工当成在困难时可以抛弃的物品。

赢得领导资格

在“公众场合成功演讲的秘籍”视频中，TED 策划人克里斯·安德森（Chris Anderson）为我们描绘了一种概念，就是用某种神经元互联模式将信息在人脑中进行编码。分享理念的过程就是在听众头脑中创建这一模式的过程。安德森强调，要想有效推动这一过程，你必须提前做些工作，“你在听众的大脑中建立某种观念之前，必须让他们愿意接受你”。演讲教练兰斯·萨利尔斯告诉他的学员：“你必须先赢得进入听众大脑的资格。如果你得到允许，这时我们称之为‘关注’。”

如果你要领导他人，情形也是一样的。

老板身份并不足以让你赢得手下的关注或支持。在开始与自己的团队成员一起构建所需的文化之前，你必须先得到他们的尊重。根据《企业》杂志的调查，高达 86% 的员工认为，当他们喜欢自己的老板时，工作效率就会提高。然而，问题是四分之三的员工认为，处理与领导的关系是他们工作中最难的一件事。

最让我感到自豪的是，在自己的橄榄球生涯中，无论担任哪个层级的四分卫，我都尽力赢得队员们的尊重。在森特维尔高中时，我是有史以来第一个被任命为校队首发四分卫的新生，所以我年轻时就在一个经验丰富的球队里担任领导者，经历了诸多挑战。为此，我坚持早到现场，多做事，少说话，在荣誉面前保持谦逊并勇于承担责任。经过一年历练，我比以前更成熟，话也多了起来。到了二年级，鲍勃·格雷格（Bob Gregg）和罗恩·厄勒里（Ron Ullery）教练对我说，现在该是你“寻找发言权”的时候了，“你已经在球场上证明了自己，现在，你要用自己的言行来引领球队”。

升入大学以后，我采用相同的方式去赢得同伴的尊重。我作为森特维尔校队球员参加了自己最后一场比赛，第二天我决定到俄亥俄州牛津城的迈阿密大学就读。为此，我与大学橄榄球队助理教练罗恩·约翰逊（Ron Johnson）通了电话，我说：“我想高中毕业后马上到牛津，与返校队员一起打球。”在那个时候，很少有即将入学的新生会做这种事。

“真的吗？难道你不想在入学前享受最后一个暑假吗？”听得出来，约翰逊对我的想法有点怀疑。

“不了，我有自己的目标。如果不和未来的伙伴们在一起，单靠自己练习根本无法实现自己的目标，所以我想和他们在一块儿。”（顺便提一句，这种情况在当前很普遍，因为人们都希望新加入的队员结束高中学业后马上到校）教练最后同意了我的要求，而且还帮我联系上了几个队友，这样我们就能在一起了。

高中毕业的第二天，父亲和弟弟一起驱车送我到牛津，我们在杂乱不堪的宿舍外依依惜别。我现在已经来到大学了，我将在另一张床垫上与两名新队友睡在一起。我之所以做出这样的牺牲就是要在那个夏天实现两个基本目标，而这两个目标能帮我实现自己的终极目标——在迈阿密大学当一名首发四分卫选手。第一，我要用自己的行动而非言辞赢得尊重，让未来伙伴见证自己将参加每场训练活动，与他们一道尽自己最大的努力，为即将到来的赛季做准备；第二，我想记住所有队友的名字。

作为领导者，在面对下属时，你要直视他们的眼睛，说出他们最爱听的字——他们的名字。这些就是我所做的。到夏天结束时，我实现了上述目标。作为唯一的新生，提前两个半月就离开家乡，与他们一起忍受酷暑共同训练，在此过程中我和队友们建立了真挚的友谊，同时也赢得了他们的尊重。

尊重的内涵

李氏塑料是俄亥俄州西南部一家提供全方位注塑业务的公司，格雷格·梅雷迪思（Greg Meredith）是这家公司的所有者和总裁。关于如何做一名出色的领导者，我曾和格雷格参加了多次头脑风暴式的讨论，其中就有怎样赢得尊重这一重要议题。赢得别人的尊重要具备哪些因素呢？我们在讨论中把尊重定义为值得被人尊敬。为此，我们列出了七个关键性因素。

- **展示能力。**具备在团队承担领导者职责所必备的关键技能。

- **彰显自信。**所选择的行动会产生积极结果，对此需抱有充分信心。
- **确立高标准。**为自己和自己的团队确立高目标。
- **倾听团队的声音。**注意倾听来自团队的反馈意见，并以适当方式加以采纳。
- **努力工作。**为完成工作，你需付出必要的时间和精力。
- **迎难而上。**勇于承担难办的事，如追责等。即使这样做会受到伤害，也敢于面对不良行为，坚守自己的价值观。
- **一以贯之。**让自己的言行、决定和投入前后一致。

信任

在团队中做任何事情，其中信任是基础。没错，你必须赢得信任，但仅有他人的信任还不够。同样重要但却更难做到的一件事则是：你必须学会信任自己的团队成员。晋升到领导岗位，你很可能面对两种不同挑战中的一种：要么，你占据了团队中某些成员期待已久并为之与你展开竞争的岗位；要么，你来到一个自己并不十分了解的全新团队。

在第一种情况下，你通过自己的努力而晋升到领导岗位，这本身就很能说明问题。如果你一直都是一位值得信赖的同事，那么人们就有理由相信你很快会赢得团队成员的信任。即便有些团队成员正心怀怨恨或嫉妒，但作为同事，你已经获得了他们的尊重。

不管你之前的情况如何，作为新任管理者，你必须克服此前因不愉快经历而造成的怀疑态度。就如同约会一样，当你与一位刚摆脱了糟糕婚姻关系的人约会时，你将面临一场类似向山顶进攻的战斗，难度很大，因为你处的对象不愿相信任何人。

这种情况不只发生在你的身上。2016 年的调查显示，有三分之一的员工并不信任自己的雇主，这个问题很值得我们深思。如同踢球，教练在场边高声叫喊、卖力指挥，如果场上的 11 名球员有三四个人并不信任教练，那么无论他布置的战术有多好，其结果很可能就是每战皆输。公司管理中这种常见的信任缺失，其原因具有双重性，既显而易见又模糊不清。公司管理咨询师休・宾厄姆（Sue Bingham）认为：

> 员工对上司不信任，通常是因为一些重要且显而易见的因素引发的，如领导游走于道德准则边缘、隐瞒信息、把别人的劳动据为己有或者干脆欺骗员工，等等，不一而足。有些原因并不明显，往往是由于领导者赖以成长的传统环境使然，而非领导者的某些特定行为所致。比如，传统的领导艺术培训往往注重规则的执行，这种方法有点类似父母与子女间的交流，而非注重培养对员工的信任感。如今，那些业绩卓著的公司并不会围绕如何制约害群之马去制定相关政策，而是将着眼点放在鼓励员工为公司和自身利益努力工作上。

宾厄姆虽然没在《哈佛商业评论》的文章中提及理查德・布兰森（Richard Branson）的名字，但却阐述了布兰森经营维珍公司的管理理念。布兰森在《魔鬼经济学》（*Freakonomics*）播客上回应斯蒂芬・达布纳（Stephen Dubner）："我认为你要像对待家人一样对待自己的员工，并在此基础上制定相应的政策。"布兰森强调，如果员工想要弹性工作安排或者希望获得居家或在国外的工作机会，那就为他们提供便是了，“只要你提供灵活的工作安排，像对待成年人那样对待他们，这些人就会用一切来回馈你。”关于达布纳问及的灵活性政策如何收获忠诚并提高生产效率时，布兰森言简意赅地回答道：“因为他们体验到被信任的感觉。”当然，这种安排要视具体情况而定，但有时让整个团队都在办公室工作也是必要的，这有赖于你的最佳判断。

在 2011 年的 TED 论坛上，已经退役的麦克里斯特尔将军为我们讲述了一个发生在指挥训练过程中的失败例子，故事就发生在加利福尼亚州莫哈韦沙漠中的欧文国家训练中心。演习中，麦克里斯特尔指挥的连队被“全歼”——我是说，一交火就被消灭了，对手没费吹灰之力。在事后的点评会上，自己少不了要挨营长一顿臭骂，他对此已经有了心理准备。但让他意外的是，营长对他说：“斯坦利，你做得很好。”他让麦克里斯特尔振作起来并告诫道：“领导可以让你失败，但绝不会让你变成失败者。”在麦克里斯特尔看来，“正确的领导者并非一定就是优秀的领导者，而优秀的领导者则是那些善于学习和值得信赖的领导者。”在访谈中，我问麦克里斯特尔将军如何看待人们和团队之间日益强化的信任关系，他是这样回答的：

> 信任会降低执行成本……这个原则对任何组织都一样。比如在五角大楼，优秀人才随处可见，他们都想靠自己把事情办好……但有时，一个很简单的行动也会让人痛苦不堪，而在此过程中并没“恶人”从中作梗。人人都想着做好自己的本职工作本是好事。可问题是，你只顾兢兢业业做好本职工作，时间一长，一些更好的机会便会丧失，或者风险就开始降临到你的头上。因此，你必须在自己所承担的风险与你在多大程度上降低这种风险之间

做出平衡。在这一过程中，信任是一个重要因素。所以，你要在人们之间建立起信任的纽带。

作为新任经理，我把信任当作行事准则，努力工作，即使这意味着自己时常被人算计，也在所不惜。至于人们是否对我撒谎，我并不去多想。我相信善良自在人心，而信任是一种更健康的行事方式。当然，有时我会因此受到伤害，但我就事论事，并不会因此改变自己，整天去琢磨别人的动机。

SixSeconds 创始人、总裁安娜贝尔·詹森（Anabel Jensen）曾说：“大脑的构造让我们不停地做出判断，所以不做判断是不可能的事。我们能做的是注意自己的判断，并以探究之心加以审视。”《信任的速度》（*The Speed of Trust*）一书的作者史蒂芬·柯维（Stephen Covey）对此进一步阐述道：“既然我们的大脑天生就长于假设，为什么不从好的假设开始呢？”他接着说：“在交往中，如果学会在一开始就秉持善意，我们就会用不同的眼光看待这个世界。我是从百事可乐公司首席执行官因德拉·诺伊（Indra Nooyi）那儿学到的。诺伊是我曾遇到的最杰出的领导者之一。诺伊告诉我，在她平生所学中，最重要的一条来自自己的父亲，那就是考虑问题要从积极的一面去把握。”

从善良的愿望出发或者把领导工作建立在信任基础上，是否会招致风险呢？当然会，这一点确定无疑。然而柯维在书中写道：“如果不相信他们，我们又怎能把工作交付他们，如何去创新、创造，如何唤起他们的积极性，又何谈一个团队呢？你可能会因为过于相信而受到伤害，但你也会因为信任不足而坐失良机。”

坦诚

“坦诚待人，不掩饰自己的弱点，你会让人觉得真实可信，自然就透着勇气和自信。”集学者与作家于一身的布勒内·布朗（Brene Brown）如是说，“真实与勇气并不总让你感到惬意，但它们绝非弱点。”坦诚也是如此，从来就不是一种缺点。

Cinnabon 连锁店前总裁、现任 Focus Brands 公司（Cinnabon 的母公司）首席执行官的凯特·科尔（Kat Cole）便是一个极好的例子。我有幸采访了超过 300 位顶级领导者及演艺界人士，与凯特的访谈是我最满意的采访之一。谈话中，凯特向我介绍每到一地开设餐馆时，自己是怎样通过坦诚分享从而迅速建立起信任的经历的：

> 我这么年轻就得走出去，到各地出差并领导一个个之前从未打过交道的团队，所以要学会构建信任的技巧，其核心就是信任他人。展示自己对他人的信任有多种方式，其中之一就是坦诚，不回避自己的问题和弱点，让别人了解自己，愿意让他们评判自己。我必须这样做，因为我要尽快了解他们，同时这也意味着我必须让别人了解自己。就这样，随着时间的推移，我通过不断学习成长起来。每到一地或来到某一从未谋面的团队，我就把自己的故事讲给他们听。很快，我在他们眼里就不只是一个刚来的领导者，而是准备亲自带领他们进行培训并开展业务的领导者。这个领导者叫凯特，来自单亲家庭，上大学期间中途辍学，靠自己一路打拼才取得今天的成就。这就好似一种完全不同的滤光镜，可以透过它来观察某个人。所以，为了建立信任我必须这样做。

与自己的团队打成一片需要的是坦诚，个中原因，正如杰森·盖尼亚（Jayson Gaignard）指出的那样："人与人之间关系的发展与他们之间坦诚相待的速度是一致的。"发展关系的核心就是坦诚。人们更愿意与那些秉持开放态度并且不回避自身弱点的人建立联系。达斯汀·金（Dustyn Kim）是我最喜欢的老板之一。她从不介意向我们吐露真相，即使这会让她看起来显得有点脆弱和伤感。她对我们如此坦诚、开放，愿意和我们分享自己的真实感受和思想，正因为如此，我才愿意追随她，把工作做好。身为领导者的达斯汀·金有诸多特质，我认为坦诚是她展现领导力的超级武器。

在担任领导者期间以及承办《学习型领导秀》的过程中，我也在尝试这一策略。如果想让别人讲述自己的故事，我就会先说说我自己。举个例子，在播客开办初期，有一次我采访了布雷迪·奎因（Brady Quinn）先生。布雷迪是一名家喻户晓的四分卫，曾效力于圣母大学橄榄球队，也曾入选克利夫兰布朗队的第一阵容（现在是橄榄球比赛的解说员）。

访谈从领导中的不足开始。为此，我先谈了自己担任四分卫时的一段失败经历，虽然只用了 90 秒钟，却在不知不觉中改变了对话的气氛。我愿意敞开心扉，触及自己那段令人不爽的经历，于是他的情绪也被调动起来。随后，他说了一句我多年来未曾听过的最动情也最让人震撼的抱怨："在电视演播室里解说（而不是亲自上场比赛），就像看着自己最爱的人嫁了另一个家伙。"

作为领导者，我们要尽力为自己的团队成员营造一种适宜的环境，让他们在分享真相时有安全感。要想收获信任，就必须给予信任，而获得信任最快捷的方式就是坦诚，告诉他们自己的弱点和不足。要想让人敞开心扉，就要营造一种让人身处“心理安全”的环境。哈佛商学院埃米·埃德蒙森（Amy Edmondson）教授把心理安全定义为“一种愉悦的环境，身处其间的人们可以从容自处（并表达自我）”。他的研究表明，心理安全与工作质量的提升以及学习效果和生产率的提高密切相关。谷歌公司的一次内部调查表明，在实施多种计划以及实现优异业绩方面，心理安全分值较高的团队更具优势，同时，员工也更愿意留在公司效力。为了进一步提升激励效果，我们可以思考一下，去营造这样一种员工之间坦诚相待的文化：努力改善团队成员对其工作环境的看法，这样你就能大幅降低运营成本及安全事故，进一步提高生产效率。

为了营造一种心理安全环境，杰克·赫娃（Jake Herwa）这位来自盖洛普公司的专家建议你回答下列四个问题：

- 我们相互之间的期许是什么？
- 团队的目标是什么？
- 我们想要什么样的声誉？
- 我们要如何改变才能获得这种声誉并实现我们的目标？

主人翁意识

让员工有参与感对团队的成功至关重要，这不只是一种无关紧要的夸夸其谈。最近的一项调查显示，如果企业员工没有担当，整天无所用心，除其他问题之外，相较于正常情况，企业的怠工率高出 37%、差错率增加 60%、生产效率降低 18%、盈利降低 16%、股价降低 60% 左右。

其中的原因很简单，如果你仅让别人照你说的做，他们就不会有那种自主的感觉。根据盖洛普的调查，在美国工人中，每十人中仅有三人觉得自己的意见能引起上级的重视。美国海军退役上校大卫·马凯（David Marquet）根据自己指挥圣菲号核潜艇的经历现身说法，解读了培养主人翁意识的重要性。刚接手圣菲号时，它在诸多方面都是所有潜艇部队中表现最差的，如业绩评定、艇员延期服役率、科班出身的军官数等。当马凯把圣菲号移交给下一任指挥官时，它已变身为美国海军首屈一指的潜艇了。

马凯认为，这种转变的关键在于工作方式的改变，即从以前的“知道—告知”转变为“知道—问询”方式。作为一个管理者，你知道需要做些什么，同时也了解怎样去做。据此，你让团队成员照你的吩咐去做，这就是所谓的“知道—告知”文化；相反，如果你为团队营造的是一种“知道—问询”文化，你也许知道答案，对团队发展的方向也有所期待，但你却动员团队成员通过对话以及提出问题等方式为自己寻找答案。这时，你为团队成员提供了机会，让他们自己想出办法，解决问题，而不是告诉他们怎样去做。

不妨回顾一下你以前供职的单位，在那里，有人每天告诉你做些什么及怎样去做，你会对那里的工作或工作成果有归属感吗？也许不会。最成功的团队往往由具有主人翁意识的成员组成。

对自己的团队放权，这意味着你让他们承担起责任并为此行动起来，同时你还能帮助他们逐步从自己的经验中学习并成长起来。你交办的不应该都是棘手和困难的工作，你也许想从中学到点什么，但你也要安排些增光添彩的活儿。2010年，有研究表明，办事公平又富于自我牺牲精神的领导者能进一步激发员工的忠诚与奉献精神。如果员工体验到忠诚，他们往往会变得更友善，更愿意相互配合并形成一种自我强化的良性循环。如果领导者愿意为了团队利益而牺牲个人利益，他在员工的心目中就会变得坚强有力，魅力无限，这时员工的工作积极性就会随之进一步提高。赋能是一种管理理念，而下放权力是践行这一理念的有效策略。

如果你还习惯于做一名普通员工而非领导者，那么这种放权便会与自己的直觉相抵触。如果你总觉得别人不如你，那么放手让别人完成工作就是一件很困难的事。通常情况下，别人做的确实不如你好，至少在一开始时的确如此，然而，你的目标是让自己的团队和业务实现卓越，并超越自己。如果你不给他们迎接挑战、经历失败并从中有所收获的机会，那么你的团队就永远无法实现超越。一开始，他们的水平也许不如你，这让你有机会建立一种必要的反馈机制并最终实现跨越。

此外，你还要安排那些具有较高潜质的人主导培训与辅导事务并参与讲授活动。我有个习惯，就是每当发现有领导潜质的人，就想安排他们培训新员工，让他们有机会参与讲授与辅导，然后收获反馈意见。

有时候，我也会挑选一些员工负责集体性培训与会议，在此过程中，我也许会提出相关的主题，但如何教学、日程怎样安排等则完全由他们自己确定。这种做法会在团队中营造一种主人翁意识，为他们将来担任领导者做好铺垫（如果他们希望如此的话），团队成员无须依赖领导的指示而在自己负责的项目或工作中进行决策并付诸实施。在这方面你是否进行了授权呢？

总之，合理安排授权意味着你可以有效化解瓶颈问题，从而加速团队的成长。美国海军前海豹突击队员克里斯·富塞尔（Chris Fussell）在其畅销书《使命》（*One Mission*）中写道，战场上，如果队员总是用步话机向上司请示行动许可或行动方向，行动速度势必降低，导致贻误战机。无论在战场还是商场，速度都是至关重要的。要想取得持久成功，减少集中决策并进行合理授权（让团队成员在你缺席的情况下做出决定）势在必行。

授权管理小贴士

- ☐ 如果身处同一办公室，那么就从当面谈话开始；如果不在同一办公室，则通过视频方式进行。
- ☐ 在项目实施过程中，设定常规检查点和后续跟踪点。
- ☐ 保留必要的会议，让自己参与指导并及时获得反馈。
- ☐ 为便于讨论问题，使用最适宜的通信手段（电子邮件或诸如 Slack 这类的团队交流软件）。
- ☐ 为项目设定终结日期或完成节点。
- ☐ 事后评价，提出反馈意见。
- ☐ 建立评价档案。

要想确保团队所有成员都了解你的想法与期望，建立相关制度文件是一个关键步骤。如果你想为团队成员制定提升业务水平的规划，这项工作也必不可少。如果他们没有完成任务或没实现目标，则这些文件就可成为审核的依据。所以，不管是正面的、一般的，还是负面的反馈，都要记录下来，不要到进行处理时让人觉得唐突（我在这方面有深刻教训。最初，我没把相关谈话记录下来，人力资源部门要求我对一项解雇决定做出解释时，我很被动）。

管理团队就如同父母教育孩子，因为你的目标是培养自己的团队，让他们有朝一日不再依靠你。在这方面，杜克大学篮球队主教练米凯·克日泽夫斯基（Mike Krzyzewski）便是个很好的例子。斯特维·沃伊切霍夫斯基（Steve Wojciechowski）曾是克日泽夫斯基麾下的一名球员（同时也是其助理教练），我问他，克日泽夫斯基的助理教练都能陆续成长为主教练，这些人又继续率领自己的球队取得成功，而克日泽夫斯基也因此声名远播，原因是什么？斯特维说，克日泽夫斯基是他见过的最佳分权者，“无论比赛过程中还是比赛之后，他都会把比赛计划的某一部分交给我们，并由我们全权负责”。事后，克日泽夫斯基进行点评并加以指导，让他们一步步成长起来。克日泽夫斯基把信任与自主性有机结合起来，引领这些助理教练在很短的时间内成长为主教练。这便是卓越领导者的标志——培养更多领导者。

竞争文化

刚涉足商界时，我仅是个销售代表，身处一种极度竞争的商业文化中。公司每天都把业绩排行榜公示出来，并以此激励员工开展竞争，让每个人为公司多创收而奋力拼搏。这种做法在销售机构中相当普遍，甚至也是它们推崇的典型做法，基本上是围绕着内部竞争、公布最高销售业绩和评选最佳销售团队等活动展开。实际上，你完全无法把在这种环境中工作的人们称之为一个团队。我们对大家一起打拼或相互帮忙没什么兴趣，因为这样做很可能意味着别人斩获更高的销售业绩。

竞争催生卓越，我对激烈的竞争环境早已司空见惯。在这种环境中，我也许能做得很好，但我很清楚人们为此所付出的代价，从长远看，这并非我想要的环境。在这种环境下，有些人像打了鸡血似的，一门心思想着打败自己的队友。我清楚地记得有个销售代表急于完成一份大订单，这单业务相当于他三个月的定额，足以让他登顶销售排行榜。签约后他非常激动，在自己的小隔间里高兴得尖叫起来。然而，为此庆贺的只有他一个人，其他人都高兴不起来。

其实我也知道，大家对他的成绩高兴不起来的确是一种不正常的现象，而这种现象就是这类竞争文化和环境导致的必然结果。它是一种零和游戏：如果你赢了，我（或其他所有人）就输了。在团队里，除获胜者外，别人都不能从他的成功中受益，如此就形成了一种“攫取”文化，人们自然对知识的分享缺乏兴趣。如果某人成功了，他还会如法炮制自己成功的经验。

尽管有点尴尬，但我得承认自己也曾为这种竞争环境推波助澜，其中的原因是我当时并没认识到团队成员合作的好处。再回头看，我觉得自己的这种思想来自自己大学时期的经历，那时我在迈阿密大学与本·勒特利斯贝格尔（Ben Roethlisberger）竞争首发四分卫。那也是一场零和游戏，如果他赢了（最终结果确实如此），我输了，最后就是他去参加比赛。不管你是谁，也不管你自我感觉如何优秀，球场上的四分卫只有一个。

通过不断学习，我逐渐成熟起来，在此过程中我有幸得到良师（包括人和书）的指点，为我提供了更好的方法。当我因队友签大单而感到沮丧时，我猛然想起导师的教诲，认识到每个人都有不同的方式充分发挥自己的才干。于是我下定决心，以后如果自己能管理一个团队，我会营造一种截然不同的文化，让团队沐浴其中并茁壮成长。正是从那时起，我怀着这种想法，开始以不同方式行事，比如自愿指导其他成员，为他们做讲解，用自己的所学和成功经验帮助他们。我要从内部营造一种良好的工作环境，并使之像涟漪一般不断扩展，遍及整个组织。

选择不同的文化

后来我当上了领导者，这时我就开始构建一种文化，团队中每个人都能从中茁壮成长并得到帮助。我想要的这种文化具有可持续性，让身处其中的人备感身心愉悦，每个人都觉得自己是团队整体的一员，而非聚在一起相互拆台的一帮人。

我在成功的团队里待过，也曾在失败的团队里干过；遇到过好教练，也遇到过差教练。无论在商圈里还是在球场上，我曾待过的最好的团队，往往都是那种成员之间相互关心、为他人着想、同甘共苦的团队。除工作能力与理念之外，友谊是决定成功最重要的因素。因此，我想把这种友情移植到自己管理的团队中。在我待过的最好团队里，通常会有部分成员经老板或教练授权参与管理工作。在这种由队员参与管理的团队中，每个人都要对同仁的表现负起责任，而不仅限于老板或教练。

这种变化必须从团队成员自身着手，也就是先解决你是谁的问题。我在第一次当经理的时候，团队的 15 个销售地区中有 3 个地区的岗位出现空缺。

这种空缺导致上述地区销售不佳，所以要想按 80% 的销售能力运营一支销售团队会很被动，甚至会面临灾难性局面。尽管如此，我仍把这种被动局面视为一次良机，我安排新人重构团队文化，这些人将以勤勉和敬业精神，充分发挥自己的能力去完成这一使命。我最初选用的两个人是研磨工，他们勤奋努力，每天都坚持不懈地工作，技术水平不断提高，这种精神弥补了他们自身能力上的一些不足。与此同时，他们也是师傅，不惜花费很多时间去帮助周边的人。他们的家庭意识很强，对待团队成员就像对待家人一样。他们很快进入了团队管理层，并参与招聘、培训和文化构建等相关事务。

在团队内部，一种独特的认同感逐渐形成，团队成员为自己身为其中的一员备感自豪。为此，成员们为自己的团队起了个名字——鹰隼（Team Hawk）。另外，我们还聘请设计师为团队设计了 logo—— 一只紧握一把锈蚀利剑的雄鹰。锈蚀的利剑象征着团队充满胆识和毅力；作为研磨工，我们愿意为成功付出任何努力。在团队领导者的倡导和推动下，这种气氛成了团队生活的一部分。无论是开会还是在团队组织的郊游中，经常有领导者谈起团队初创时期的故事，谈它的独特之处，以及怎样做才能成为其中的优秀一员。

在团队自豪感及互助精神的启发下，我们用咖啡罐和铝箔片做了个“斯坦利杯”，这个超大奖杯每月流动一次，分别授予当月表现最好的员工。我们把获奖者的名字和照片印在奖杯上并把奖杯摆放在他的工作台上。每个月末，团队都会为获奖者举行颁奖仪式。初次获奖的人心情总是激动不已，这确实是一种令人愉快的竞争。作为领导者，最令我感到欣慰的成就之一便是团队内部虽然有竞争，但成员之间仍洋溢着真挚的情感。这一切源于一种身份认同——我是团队的一员，甘当奉献者并秉持我们构建的价值观。这也是为什么聘用过程对团队长远发展至关重要的原因所在。这些不起眼的安排其实很重要，对推动团队文化向前发展发挥了很大的作用（时光荏苒，团队成员们如今仍是很要好的朋友）。

从那时起，我们接纳的每个新成员都对团队文化的发展做出了自己的贡献。诚然，也有人并不认同这种改变，对团队的新风格也不以为然，这都没什么，他们最终会选择离开，去寻找新的机会。有一段时间，团队的人员流动因新的文化环境有所增加，但最终的结果却是，我们聚合了这样一个群体，每个人都做出自己的贡献，努力维护这种健康、互助以及有利于业务开展的团队文化。

为了在团队成员间培养信任和坦诚的关系，我们需要建立一种超越同事关系的现实关系。如此，我就得花些心思，精心安排聚会与培训活动。我发现，当人们对各自家庭、秉性、喜好等了解得越多，沟通就越融洽、情感就越密切，也更乐见他人成功。我们一起租车去观看辛辛那提红人队（Cincinnati Reds）的比赛，一起骑马，一起看电影，一起参加社区服务等。通过上述活动，成员之间逐步建立起了情谊。除了在一起工作之外，如果对某人的个人情况有所了解，你更愿意将其视为队友，而非竞争对手。

最终，你想让所有人都能认识到，团队的文化就是自己的文化，每个人在做事或进行选择时都有义务加以维护，如果有人不遵循，就要敢于当面指出来。

与斯坦利·麦克里斯特尔将军交谈时，他向我讲述了一名年轻士兵的故事。该士兵来自突击团下属某营，该营在突击团里别具一格。这一原则在这名士兵身上得以充分体现：

> 这支部队不同于我以前待过的任何一支部队，足以唤起人们的兴趣。该营拥有一套严格的指挥系统，包括军阶及其他方方面面，但是组织中的各种规范甚至比军阶更具影响力……作为一名新上任的上尉军官，我刚来没几天，一名军衔比我低四到五个等级、相当于E-4的专业士官就对我的一个举止进行了纠正。我回想，当时我的双手插在裤兜里或有类似的动作。他走到我面前说："长官，在这儿不允许这样。"
>
> 在别的部队，我还从未见过这种事。一方面，下级不敢这样跟上级说话；另一方面，这里盛行一种文化，那就是"规则面前人人平等，每个人都有义务进行监督"。因此，这名年轻士兵的做法无可厚非。我记得当时自己很尴尬，但还是回答道："你说得对，我不会再犯了，我得守这儿的规矩。"我认为，在一个"令行禁止"的地方……人们愿意照此去做，而且也觉得就该这么办。

最需要的是给予

从亚当·格兰特的《沃顿商学院最受欢迎的思维课》一书中，我了解到一项研究成果，那就是给予者（那些给予多于获取的人）比获取者（那些获取多于给予的人）以及那些追求利益平衡者（讲求付出就要获得相应回报，或希望得到回报的人）在其职业生涯中更有成就。该书还揭示出，一个遍布给予者的团队往往会为优异业绩和满意工作营造一种理想环境，让人们愿意来此工作。给予者所关注的不仅仅是自己，更多的则是团队整体的成功。这种理念唤起每名成员对团队其他成员的信任感，同时还营造一种健康环境，让大量成功经验在内部分享，不用担心被别人利用（被获取者盗用）或遭到报复（获取者会随时抨击任何与他们相左的想法）。如何才能促进这种给予文化呢？我们应该强化并表彰给予行为，通过建立制度，规范你的行为；让给予惠及公司其他领导者；为给予行为创造便利条件。这些做法的着眼点在于创造一种环境并减少因这种有益的给予行为所引发的摩擦和争执。在一开始，对成功的标准可以定得低一些，对给予行为进行表彰和宣扬，让那些获取者要么改变自己，要么自己离开。

我关注的另一个关键点是，无论成果大小都值得庆祝一番。刚入职时，我对此并不重视，但为了自己和团队，我得学会经常这样去做。庆贺胜利已成为团队的一项重要活动。团队中无论谁有了成果，我都会发一封电子邮件表示祝贺，然后让他谈谈体会，也让其他成员分享他的成功经验。这样做，不仅能让取得成绩的人享受荣誉和赞许，还能向别人传授经验和感悟。如果团队里其他成员能从中有所借鉴并运用于自己的工作中，这便是一种共赢；如果团队中有人不喜欢这种邮件，那就该引起注意，这意味着他们不想为了团队的利益去迎接挑战。团队成员单独庆祝的日子已是明日黄花。

团队完成任务，我们也会大肆庆贺一番。团队每个月都要确立一个目标，如完成了，团队便会搞一次聚会。花点时间搞个庆贺活动，对团队很有好处。对业务中的一些微小成绩及时追踪、总结，这种实践对公司的业务发展具有积极影响。哈佛商学院的特蕾莎·阿马比尔（Teresa Amabile）对这种影响进行了研究。特蕾莎及其团队对 7 家公司 238 名雇员的近 1.2 万份工作日志进行了分析，他们发现，及时记录下工作中的每一微小成绩不仅能增强自信心，而且会提升工作的积极性。

如果一直忙着应付眼前工作，你和团队很快就会失去重点，而员工们的工作热情也很可能会丧失殆尽。不健康的工作环境所造成的危害，远超自信心给团队带来的正面影响。不健康的环境不仅影响团队的工作效能和出勤率，而且还让老板和员工在健康方面付出更大的代价。如果自己的团队成员都愿意看到他人成功，那么彼此间的信任就会提高，团队会更具凝聚力，对工作的满意度也会提升。

看法的改变

当上经理后的一个有趣的现象是，别人对你的看法会发生改变。如果你是从现有团队内部提拔起来的，这种情况就特别突出。无论是否愿意，从当上经理那一刻起，大家对你的看法与之前你作为团队普通一员时，便不可同日而语。若想有效培植团队文化，在面对这一现实情况时，切不可掉以轻心。

我渴望大家的信息反馈，而且越具体越好。如果有谁不同意我的主张，我希望他能直言相告。我会将相关意见视为进一步提升自己的机会并牢记于心。当上经理后，我曾自以为是地认为，其他成员会一如既往地遵循我的这种风格行事。但现实情况是我错了。

在团队的一次会议上，我对讨论中出现的一种意见提了自己的看法，然后开诚布公地问："大家怎么看，有没有更好的办法，还是我们就这么干？"结果大家都看着我，然后点头说："……好，这很好。"当时我也没多想，会议就此结束了。

当天晚些时候，团队里一个与我关系很近的员工私下对我说："看来有点问题，有几个人对会议结果不是很满意。""你说什么呢？"我回应道，"我问过他们，可他们什么都没说呀！"我确实没注意到这两种情况——大伙对结果不满，但在会上都很沉默。

"瑞安，有的人不敢提出异议，毕竟你是领导。"对此，我很震惊。他们在我面前为什么不敢提出异议呢？我曾公开讲过，自己希望营造一种有利于相互协作的环境，让大家畅所欲言。然而事与愿违，这种局面并没有出现。究其原因，是我只想着让其他人对我秉公直言。我认识到自己还是犯了失察的错误，没能设身处地地从他们的角度考虑问题。那些不愿公开发表看法的人在这方面有过经验教训，因此他们保持沉默，不想重蹈覆辙。

很显然，在考虑他人的感受方面，我还需要做得更好一些，要了解别人为什么有那种感受，然后采取相应的措施。这次教训很深刻，它促使我努力改进和提高，不要想当然地认为已经建立了自己所期望的团队文化；即使我已经提出了明确要求，也别想当然地认为别人都能坦然向领导提出自己的不同意见。人的行为方式自有其道理，作为领导者，你的工作就是深入了解其中的原因，并以最有效的方式加以应对，推进团队向前迈进。

将理念付诸实践

对新任管理者而言，在着手构建本章阐述的团队文化方面，有三条实用性建议可供参考。

了解自己的团队。花时间与每个成员进行接触很有必要。如果团队成员分处各地，与所有成员逐一交流将是一项艰巨的任务，也许会让你望而却步。这一点，赴任前你要在心理上就有所准备。在最初几次交谈中，你要多听、多了解，尽量掌握他们的个人情况。这些交流既可在正式场合，也可在非正式场合进行。在工作场合或办公室，可以聊聊工作上的事，比如，最近在做些什么，怎样做的，为什么这样做，个人有哪些经历，对未来有何打算，等等。要利用不多的就餐时间进行交流，这时不谈工作，只聊家常，如家庭生活、兴趣爱好等。

让团队成员了解自己。和团队成员聊聊自己的情况。员工们与新经理相处，最担心的就是心里没底，拿捏不准。要缓解这方面的担忧，你就要跟他们多谈谈自己的情况，如人生观、家庭和个人经历等。了解自己的团队，让成员们了解自己，这一切不仅需要一个过程和各种努力，而且还得花点心思。这样做是有益的，如果你的团队不关注你，他们就不可能关注你的工作想法和战略，上述的各种努力是值得的；如果员工对你漠不关心，他们也不会在意你的人生观或你制定的战略；如果员工不知道你是否真心关爱他们，他们就不会关心你的事。

永远把员工当人看待。在谈及团队成员时，不要使用“人力资本”“人头”“全职雇员”等称谓，每个人都有名有姓。随着岗位升迁，你管理的员工越来越多，但千万别忘记这一点。在许多管理者看来，这个问题很简单甚至有点无聊，但其重要性怎么强调都不过分。

克服阻力

构建一种持久、优秀的团队文化，有赖于你能为团队成员营造坦诚相待、相互信任的工作环境。下放权力，让成员开展工作，这种文化有利于鼓励人们尝试新事物，从失败中积累经验，从而不断推动团队向前迈进。作为团队领导者，你有责任说服自己的上司和上级组织，为你实施上述管理理念提供相应空间。

我知道，把你束缚起来，让你无法施展手脚，是件轻而易举的事情。面对这种困难局面，优秀管理者往往会在自己的业务范围内打造自己的管理文化。你的团队仅是整个组织中的一个单位，尽管如此，你也要把团队视为自己的业务范围，对其内部管理担负起责任，这一点十分关键。对团队外面的事你也许无能为力，但对内部事务，你可以直接掌控。亨利·克劳德（Henry Cloud）博士是多部畅销书的作者，也曾担任过多家企业首席执行官的顾问，他告诉我："你别把团队包裹在气泡里，不能让不称职的老板把你也变成一个不称职的管理者，更不能以此为借口推卸责任。"

如果谁要干点事，必须向很多人请示、与很多人商量，他很可能在开始实施前就放弃了。与其如此，他还不如什么事儿都不做。给团队松绑能让这种局面得以缓解。然而，在这种情况下，如果需要类似的请示、商量或等待上级指示，你会怎样应对呢？在构建团队文化过程中，如果想有改变，却受困于拖拖拉拉的官僚作风，或者老板有反对意见，你又当如何呢？

这时，感知能力尤为重要，你要多了解别人的想法。如果你面对的是一个根基不稳的老板，他可能把你和你的团队文化视为一种威胁，对此，你得有所察觉并调整策略。作家罗伯特·格林告诉我："你千万别抢老板的风头。"你的职责是协助老板，让他过得更轻松。如果关系处理不好，你自己也难受，甚至会被炒了鱿鱼。

利兹·怀斯曼是畅销书《新鲜感》和《成为乘法领导者》的作者，在访谈她时，我问的就是这个问题。她从多方面谈了关于发挥促进作用、避免起副作用的问题。为此，我问她，如果你的老板总爱贬损别人，老是起副作用，该怎么办？她说她会先思考一下，这些人为什么会如此行事。这有助于自己换位思考，他们可能在生活中曾遭遇坎坷，从而导致如此行事。

除换位思考外，你还要有战略思维并加强沟通、交流。作为优秀管理者，你要认识到，自己的职责是在内部推广本团队的管理和经营理念。这样做，可以使团队获得更多自由和活力，减少上级插手微观管理，但这并不意味着你要隐瞒正在做的事或弄虚作假，以自己的诚实为代价取悦领导。我发现，应对上述情况的最佳方法是让上级明白，自己的这种管理方式能让他的工作更轻松，让他在其上级眼里表现得更优异。

作为领导者，你的职责中有一项重要内容，就是将你正在做的事以及这样做的原因，原原本本地向自己的上级说清楚，让他了解你的风格以及为什么这种运行模式能够取得优异业绩。同时，你要对上级表达谢意，对他说：

“感谢你长期以来的指导，为团队的成功营造了良好环境。”总之，要称赞上级领导有方。

主要观点

- 人是决定一切的因素。
- 构建一支合格的团队，放手让成员去拼搏。
- 营造一种让身心备感安全的港湾，将权责赋予每一名员工。
- 微观管理不易量化，要让员工充分发挥才智，不要以自己的能力作为衡量标准。
- 团队文化的三个核心要素是信任、坦诚和主人翁意识。
- 建立信任的最快捷方法是向成员们坦言自身的弱点。
- 让最具潜质的人负责培训和指导工作。
- 在信任的基础上下放权力，能破解工作中的瓶颈，提高工作效率和团队业绩。
- 不要让不称职的老板把你变成不称职的管理者，不要因自己不称职而归咎于领导。

—行动建议—

- 在以下三类人中，分别列举五人，记录下来并进行分析：（1）引领者——你尊重并希望向其寻求指点的人；（2）身边的人——与自己经历相仿并能与其开诚布公交流的人；（3）后来者——你教导和指点的人。

- 在团队中挑选三人负责培训。分别与他们交流，就培训主题、预期效果以及如何授课等问题进行讨论，帮助他们做好准备。
- 针对事后检查制定一个工作框架。然后，对近期某项工作执行情况（如产品销售、产品开发、市场营销等）进行回顾。
- 与老板见面。安排一次与老板的会面，专门向他（她）请教或请示。事先就一些重要议题做好准备，并就下一步行动提问。

chapter

04

第4章 员工管理

作为领导者，你最需要关注的并非自己职业生涯下一步该怎么走，而是你管理的人。你要关注的是人，不是自己的职业生涯……如果真正把精力用在发掘和培养优秀人才上，我（发现）就不必自己寻找解决问题的答案了。

——吉姆·柯林斯（Jim Collins）

《纽约时报》畅销书《从优秀到卓越》（*Good to Great*）

（《学习型领导秀》第216期）

人才的作用

作为管理者（无论新手还是经验丰富者），团队人选是你要做出的最重要决定。优秀人才是管理者能否事业有成的最重要因素。吉姆·科林斯是最佳工商管理类畅销书之一《从优秀到卓越》的作者，我们在谈及这一问题时，他言简意赅地说："无论如何，人永远是第一位的。"记得当初父亲曾对我说："选聘合适的人并加以培训、开发，这样你就会名利双收；而选人不当，将让你变得愚钝而贫穷，甚至丢了工作。"我现在认识到，这话很有道理。

在构建团队的过程中，你对自己拥有什么、需要什么，要进行精准的分析，做到了然于胸。此外，为了实现团队目标，除简单技能外，你还要寻求哪些技能，对此要有深刻的认识和把握。

在这方面有个很好的例子，就是美国航空航天局（NASA）实施阿波罗登月计划的那段时光。吉恩·克兰兹（Gene Kranz）是休斯敦飞行控制中心飞行指挥长，曾负责指挥阿波罗 11 号历史性着陆以及阿波罗 13 号成功返回的英雄壮举，他把阿波罗登月团队描述为“一个不会失败的团队”。乐观主义精神是遴选团队成员的重要标准。“乐观主义是一种团体性意识，是将‘现实是什么’与‘应该是什么’这两种认知进行有机结合后形成的一种观念”。团队的候选者被集中在一个封闭环境中，以考察我们之间的交流能力以及在极端困境中的反应能力等。如果候选者不能很好地处理眼前的难题，那将会很快被淘汰。克兰兹说，考察结束后，“团队成员集中在一起。这时我们都是具备了相应能力的人，紧急情况下，大家能相互支持和补救；对出现的任何问题，我们都会抱着一种积极态度去处理，甚至仅需几秒钟就能解决”。1970 年 4 月 13 日，阿波罗 13 号在飞行途中，因低温氧气箱爆炸而中断执行飞行任务。灾难降临时，正是根植于团队中的“乐观主义精神”，让飞行控制中心与困在受损飞船上的航天员共同努力，成功解决了一系列几乎难以解决的问题。四天后，在飞船撞击水面后四处飞溅的浪花中，吉姆·洛弗尔（Jim Lovell）、弗雷德·海斯（Fred Haise）和杰克·斯威格特（Jack Swigert）三名宇航员安全降落在太平洋上。尽管希望渺茫，但克兰兹和这支充满乐观主义精神的团队的其他成员一起，控制飞船成功返回地面。如果当初 NASA

只是简单地依据数学能力选聘工程师，这些难题可能就无法解决。

即使从事的工作并非人命关天，你也要把大量精力集中在用人方面。现实中，很多领导者在选聘人员方面乏善可陈，这些人往往在领导岗位上待不了几天。那些做得好的领导者的情形是怎样的呢？他们极可能长期保持着优异业绩。如果一个人积极上进，同时又掌握相应工作技能，聘用这种人，会令你心神宁静，睡得也踏实；相反，如果是一个差劲的人（或允许这样一个人留在团队），会给你的工作平添许多困难，令你寝食难安，简直是在浪费公司资财。对领导者而言，没有什么比你把时间和精力用在选聘人员上更重要的了。

商学院的学生们时常向巴菲特请教，其中经常提及的问题是，他期望自己的合作伙伴应具备哪些品质。巴菲特的答案是："智慧、活力和诚信，其中诚信是前提。我告诫学生们，来这里的每个人都有智慧和活力，否则你们也不会来这里。但是诚信与否取决于自己，它不是与生俱来的，也不是学校里能学到的……不诚实、小气、苛刻、自负……人们不喜欢这些品质，这取决于你的选择。有人认为，世上有个容量有限的罐子，里面装着令人心仪之物供人们挑选，别人从中拿走任何一种，留给自己的自然就更少。但事实恰恰相反。"

麦克里斯特尔将军的观点与巴菲特的看法如出一辙：

> 有时候，你的成功仅是运气使然；有些时候，你失败了，也是因为自己不走运。所以，你拥有财富、获得晋升，或其他什么值得引以为豪的成就，与你工作多努力或你有多优秀并没有直接联系。个人性格自己无法控制，但

诚实你可以掌控，你可以决定是否忠诚、是否尽责。你能决定所有真正重要的东西，这些是别人拿不走的。

斯坦利·麦克里斯特尔将军在耶鲁大学曾给学生讲授过领导力课程。他曾友善地邀请我和他的学生们一起游览位于宾夕法尼亚州的葛底斯堡战役圣地。在与麦克里斯特尔将军及其导游朋友们共度的两天多游览过程中，我们了解了许多关于那次战役的历史。然而，我对其中的一个教学观点印象特别深刻，那就是“真正要学的……不是战术，也不是战略，永远是用人之道”。

管理你接手的团队

对你要承担的各种管理角色，总有一个团队在恭候你的光临，除非你在组建一个全新的团队，否则就无法享受亲自挑选团队成员的那种感觉（以及上级给予的耐心）。但通常情况是，在新接手的团队里，成员的能力参差不齐，弄清个中差异比查看电脑上的数据表要多花费一番精力。

你要拟出一份提纲，对现有团队进行评估，内容包括价值观、工作业绩、积极性以及事关团队文化建设的关键因素等。你还要提前了解一下职位出缺的原因，这对你很有意义。前任经理是因业绩不佳被解雇了，还是被提拔到新岗位了？弄清个中原因有助于你准确评估当前情势。

迈克尔·沃特金斯（Michael Watkins）在其《创始人》（*The First 90 Days*）一书中，对一个管理者刚接手一个团队时所面临的挑战进行了阐释。在采访中，沃特金斯谈到管理者在刚接手一个团队时常犯的一些重大错误。

其中一个是，急于让团队建设留下自己的印记，不能妥善处理稳定与变化二者之间的平衡关系。“建设一个你接手的旧团队就像在飞行途中修理一架出故障的飞机。如不进行必要的修理，飞机就无法飞抵目的地；但你若想改动太大、太急，飞机就可能坠落。所以，关键在于你要把握好稳定与变化之间的平衡关系。”

在对团队特点和能力进行评估的过程中，你（很可能）会很快发现团队中的优秀成员，他们是团队的守望者。这些人业绩突出，在他们身上，你能找到自己所希冀的各种特质：聪明好学、良好的职业操守、乐于接受指导、充满活力、诚实可信。他们都是些在团队中有影响力的人和核心成员，让他们切实“感受到关爱”，对团队新任管理者而言十分重要。我的意思是，如此一来，你能很快向团队释放一种信号：你已经看见他们的价值，而且这些价值对团队的成功能发挥重要作用。你要与他们逐一面谈，向他们征询意见、寻求支持，让他们在团队中发挥主人翁作用。你也许曾是个业绩优异的普通员工，想想自己遇到上级更迭时的情形，他们怎样与你相处？你是否被上级认可或受到重视？如果不是这样，请记住自己当时的感受并努力避免使之发生在新团队的骨干身上。

如果从一开始就失去团队中关键人物的支持，其他人也会步其后尘，你想打造一支持久而优秀的团队的努力必然事倍功半。这种情形虽然不致让骨干成员离你而去，但他们很可能着手另谋高就，同时，为了暂时保住现有岗位，他们对眼下的工作也会投入些许时间与精力，但仅此而已。如果该局面持续下去，无异于团队慢慢死掉，而这类问题完全可以避免。

选聘：你在寻觅哪些人

要建设一支优秀的团队，需先明确自己的用人标准；显而易见，落实具体人选是这一过程的重要一环。然而，经理们常把注意力放在一些具体条件上，好像它们是决定聘用与否的最重要因素。更糟的是，有时候这些条件好像成了唯一的重要因素。采用这种方式，你会铸成大错，或者说选中优秀人才全靠运气。与候选人本身具备的技能或通过培训获得的相关技能相比，更重要的应该是他们的综合品质，它们将成为团队的理想资产。

要做好这项工作，你必须有针对性，要深思熟虑。我曾向自己指导过的管理人员推荐过一种实用方法：与自己的顾问班子（我们在第一章中讨论自己信赖的顾问）坐下来研究一下，罗列出“必须具备”或“不容讨论”的品格条件，避免泛泛列出那些一般条件。要想用这份清单指导自己的聘任工作，你得弄清楚为什么这些品格对你及团队业务十分重要。下面是我在选人时所关注的几个方面（排序并没有特别含义）。

- **职业操守。**具备为争取佳绩而努力工作的意愿和记录（常见于具有下列背景的群体：运动员、老兵、移民、年轻时就开始自己谋生的人，比如上学期间就通过兼职谋生）。
- **韧性。**在困境中遭遇挫折，但仍坚持不懈，能重新振作起来。
- **谦逊。**愿意求教。不认为自己能解决所有问题，愿意与比自己更有智慧的人一起解决问题。
- **求知欲。**不仅希望扩大知识面，而且想拥有理解所学知识的智慧；喜欢刨根问底，有自己可以经常求教的导师。

- **自我认知。**客观认知自己。承办具体工作时，愿意以审慎、公正的态度评判自身能力。拥有更深入认识自己的措施（导师、评估、有计划地抽出专门时间进行思考、记录、反省、学习和提高）。
- **乐观精神。**相信天道酬勤、有付出就有回报。身上有种偏执，相信世上的一切正携手为自己工作。
- **充满活力。**有生活情趣。所到之处，活力如约而至。这并不是说他们的个性过于外向甚至太过张扬，而是他们身上充满着一种磁石般的魅力。
- **从善如流。**这也是我聘用过许多人是运动员或退伍老兵的原因，这些人习惯于接受他人指导。
- **语言交流和写作能力。**多数工作需具备口头和文字交流能力。
- **敬业。**为做好一项工作而坚持不懈。
- **善于思考。**愿意花时间进行思考、反省和分析自己及他人的各种行为。
- **有的放矢。**根据不同需要进行选择。他们不把生活寄托于偶然，不会随意说“那好吧”。他们也要面对自然发生的一切，但会因势利导，让自己的行为有理有据。
- **自信。**自信来自丰富多彩的生活阅历和积淀。他们相信，可以用自己的方式应对各种局面，这类人将成为硕果累累的成功者。但自信不应与蛮干、狂傲混为一谈。

你会发现，这不是个简短清单。人是复杂的，具有多面性，在选人方面，除一些共性外，还要考虑更多其他方面的因素。当然，我并没提前确定一个数字，看应聘者在调查选项中打了多少钩，然后对照此表进行打分。遴选新人时，我不考虑勉强达标者，但也不指望有谁能十全十美，我会在其中择优选择。

科技类公司投资人、企业家基思·拉布瓦（Keith Rabois）和彼得·蒂尔（Peter Thiel）、马克斯·列夫钦（Max Levchin）与埃隆·马斯克一样，都是 PayPal Mafia 的投资人，因在 PayPal、LinkedIn 和 Square 三家公司初创时期就投入资金并承担管理职责，一时家喻户晓。Yelp 和 Xoom 上市前，拉布瓦就对它们进行了投资并进入两家公司董事会。他谈了对聘用人员问题的思考。鉴于他的传奇经历，我认为以下这些思考颇具指导意义。

- 他们是否像公司所有者那样考虑问题？他们有什么过错吗？他们是否在难眠之夜仔细思考一个问题？如果自己是公司老板，会做出不同决策吗？
- 他们具备战略思维能力吗？在他们的头脑中，始终有公司整体观念吗？为消除公司面临的某些不确定因素，他们能否拿出一些你未曾想过的新方法？
- 他们的能力是否有助于化解公司面临的主要风险？他们的加入能否使团队管理风格和员工背景多元化？
- 他们有聚拢人才的能力吗？他们能为公司引来比自己更优秀的人才吗？

为成为卓越领导者，有些领导者正到处搜寻各类指南。在此，我与他们分享上述经验。在企业界，最有成效的领导者的脑海里都在寻觅着什么？他们为什么要找寻这些才能？他山之石，可以攻玉，就像科比·布莱恩特（Kobe Bryant）曾经说过的那样：“从他人的旅程中汲取力量，书写自己的传奇。”

缩小性别比例差距

盖洛普民意测验机构首席执行官吉姆·克利夫顿（Jim Clifton）与现场管理与福利事业首席专家吉姆·哈特（Jim Harter）合著了一本书——《管理者》（*It's the Manager*）。在书中，两人引用了盖洛普的一份有关企业性别均衡研究的报告。报告显示，员工性别比例接近平衡的部门（男女员工比例大体相当），业绩水平明显好于性别比例失衡的部门。性别比例均衡与良好的聘用文化相结合，有助于整体业绩的提升。根据克利夫顿和哈特的研究，性别比例平衡能提高经营效果的原因有以下几点：

- 能更好地完成工作任务，满足客户需求；
- 总体而言，女性比男性努力；
- 相比男性，女性管理者身边有更多敬业的员工。

也就是说，你若想成功，就得建设一支多元且性别比例均衡的团队。

你的团队值得付出所有吗

业界如何评价你的团队？你的团队文化是什么？人们对你和你所看重的事物有多少了解？在组织内部，你们团队在人们心目中有什么特点？你的团队的品牌是什么？最强有力的团队领导者都在深思这些问题，并专注于建立一支人们所期待的团队和工作环境。你们团队的每一名成员都是团队的推销员、猎头，不断为团队举贤荐能。查理·芒格说过："怎样才能娶一位佳丽呢？这取决于你自己的品位和才华。"你自己的行为值得高端人才前来效力吗？

如何发现人才

确定选人标准后，接下来的事就没那么轻松了：准确判断面试者是否具备有关技能。“你觉得自己谦逊吗”——这种简单而直接的提问没什么实际意义，其结果很可能让面试者说一些他认为你想听的答案。关于面试中的谈话艺术，应考虑以下几点。

1. 面试时，应聘者通常会以最佳状态示人。如果迟到，则足以说明他们不守时，与团队对成员的要求还有距离；一旦如愿被录用，很可能还会出现迟到情况。

2. 走出面试模式。带应聘者共进午餐或晚餐，或者到办公室转转并随意闲聊几句。在有限的面试时间内，采用什么形式去深入了解应聘者，全都取决于你的创意和安排。我自己就有过招聘和应聘两方面的经历。找工作时，我很想在办公室外和（可能的）新老板见面，目的是观察他是什么样的人。我会留意他怎样谈论别人（背后说人坏话，极可能说明这是个差劲的老板）、好奇心如何、我说的话他认真听了多少、多长时间看一次手机，等等。换言之，离开面试室的严肃环境，在更放松的状态下，他的行为举止是怎样的。其实你想了解的是，在真实的工作场合，自己身边都是些什么人，而非仅仅是老板或员工这么简单。

3. 深入提问。多数应聘者都会为面试做认真准备，所以，优秀的面试官们往往会继续深入提问。如果要求应聘者讲述生活中战胜逆境（这是我们认定该角色必备的重要素质）的经历，你不仅要听他们事先准备好的故事，还应继续提问，比如“为什么？然后又发生了什么？后来怎样了？你从中学到些什么？”从自己主持招聘以来的经历以及与 300 多位嘉宾的访谈过程中，我在这方面学到了不少知识。毫无疑问，真正想要的信息往往来自对第 2 或第 3 个问题的回答，而仅通过一个提问就达到目的，实属偶然。

你该提些什么问题

在面试中，要想了解应聘者是否具备所需的品质，你提什么样的问题就十分关键，每一个都要有明确的目的。根据自己关注的重点，我在面试时提过不少问题，现列举如下。

韧性。“请谈谈你遭遇失败、损失或奋斗的一段经历，你当时是怎么做的？”待讲述完毕后（多数应聘者都有所准备），你继续提问“为什么？后来又发生了什么？给你造成什么影响？此后你做事有什么不同吗？”你还要继续追问下去，因为你要了解的东西并非靠简单讲个故事就能看到；你真正要了解的是，应聘者是否把这段经历真正内化于心。

求知欲。“你现在对什么最着迷？目前在学什么？最近的学习收获中，令你兴奋的都是些什么？你读些什么书？工作之余你有什么兴趣爱好？”我想了解的是，这些人是否真有求知欲。具备强烈的求知欲，他们才愿意主动了解更多知识，更深入地理解问题。人的素质十分重要，因为所有角色都在不断变化。如果能以好学之心应对各类变化，学习、拓展和成长能力就能提高。

可塑性。我会让他们讲一些有关意见反馈方面的故事。运动员或军人出身的人在这方面更有经验。当然，接受指导并非仅限于体育和军事领域。

“你能介绍一些受益于教练、老师、好友或老板教导的情况吗？你是如何受益的？在工作或老板之外，你是如何主动寻求反馈意见的？”我想找的是那些为了做得更好而期待外界意见反馈的人，他们是否积极主动？这才是我期待的。

语言和写作能力。通常，我会要求应聘者试写几段文字材料。“你能写出自己整理的建议吗？是否有发表过的文章？有没有自己做的演示视频？”有时，我会在面试开始前先安排应聘者说些什么或写点东西，而且我要看着他们完成。我们经常发邮件，在各种会议上介绍最新进展情况、向外界宣介自己和团队。如今，在任何一个岗位上要想获得成功，有效的沟通和交流无疑是至关重要的一项技能。所以，拥有善于交流的人才，会为团队平添竞争优势。

乐观精神与工作活力。从电话上与应聘者交谈、在他们走进大门，以及看到他们与前台接待员打招呼的那一刻起，你就能立即进行评判（建议你经常到接待员那里了解应聘者的举止，从他们如何对待那些自认为不重要的人，你能了解不少情况）。有些人相信事情会变好，总能把活力带给团队，我喜欢与他们共事。没有人愿意自己身边的人都是些被作家乔恩·戈登（Jon Gordon）称为“能量吸食鬼”的人，我们要的是那些能给办公室带来火花的人，你只有与他们接触一段时间才能感受到他们身上的这种特质。因此，你还要从其推荐人或其社交平台上了解这方面的情况。

事先做些功课

在和招聘经理们交谈时，我惊讶地发现，有些经理从不去推荐人那里了解情况，或者只联系其中的一两位推荐人。了解情况，不应局限于列在清单上的推荐人。做招聘决定时，花时间尽可能多地接触那些了解情况的人是很值得的。你可以到 LinkedIn 网站上查看一下应聘者的链接，看看哪些人与其过去共过事，然后与他们联系，以便了解更多情况。

布赖恩·科佩尔曼（Brian Koppelman）将团队整合起来并成功录制了一部风靡一时的电视节目——《亿万富翁》(*Billions*)。不久前，我与布赖恩坐在一起，就该片的运作过程进行了一番交流。访谈开始录制之前，他带我到办公场所转了一圈。在观看形形色色的“创作室”时，一种协作氛围马上引起了我的注意。这并非一种开放式办公空间（据许多材料介绍，这类办公场所效率不佳），其间分布着许多小办公室，用于几个人的小组在一起工作。当问及怎样遴选 150 人开展创作工作时，布莱恩说：“首先，我们这里没有讨嫌者的市场，如果你人缘不好，不能与他人一起工作，即便再有才华，也不会考虑。其次，虽然需要大量人手，但我们把注意力用在几个关键人物的招聘上。必须选对人，因为他们还要担负起遴选团队里其他人员的重任。而对他们做出的选聘决定，我们给予充分信任。”作为节目创作和参演队伍中的一员，布莱恩没有时间和精力去挑选所有人员。我又询问了上述几个关键人物的情况，他说，我们要和他们多次见面，形式有正规面试和共同用餐等，不一而足。“天啊，我们做了海量调研、核实工作。为确保选对人，我们几乎接触了与他们共事过的所有人。”布莱恩感叹道。

对中意的候选人，你还要到相关社交平台搜寻他的情况并查看一下他的Twitter。过去几年他在 Twitter 上都说了什么？他的表达方式是否为团队推崇的方式？毕竟你选的人将来要代表团队的形象。除了 Twitter，通过其他社交媒体同样可以了解应聘者的情况。过去选聘人员时还没有这种手段，但现在情况不同了。选聘的人代表着团队和公司的形象，他们以往的业绩和行为预示着其未来的业绩和表现，他们在社交平台上的发文也是如此。

解聘：整顿团队

要让满园玫瑰芬芳吐艳，除了栽培、施肥、浇水，然后欣慰地看着它们茁壮成长之外，你还得不时修剪。要想让玫瑰持续健康成长，就要严格把关，对成长中的玫瑰进行适当修剪。这个过程虽有些痛苦，但为了让玫瑰茁壮成长，并充分绽放，这么做也是值得的。管理团队也是同样的道理。遗憾的是，有时候你不得不解雇一些人，让他们离开团队，这是你工作中必要的一部分。有时候，让某些人离开是保证团队顺利开展工作的唯一选择。

平心而论，解雇员工对任何一个新经理而言，都是棘手的问题之一。当你确信团队需要调整时，你往往会陷入情感纠结的旋涡中。一方面，你想让员工爱戴自己，把自己当成朋友，同时又想赢得团队中其他成员的尊敬；另一方面，你既不想让自己变成自己以前见识过的不近人情的老板，同时又要维护自己倾力打造的团队文化。

毫无疑问，这是我在管理团队时最不愿看到的局面之一。然而，无论管理团队的时间长短，都有可能不得不出手。因此，你要考虑怎样才能做好。下面是如何进行调整的一些提示，可供参考。

不搞突然袭击

一定让那些因表现不佳而遭解雇的员工做好思想准备。如果某位员工因表现太差而被通知离开，而他闻讯后深感震惊，这表明你身为该员工的指导者和领导者是不称职的。一名员工第一次亲耳听到自己工作不达标的评价，绝不应该是在要求其离职的会议上。尽管业绩不佳的事实清楚，而且也多次出现这类情形，但上述处理方式对该员工绝对有失公允，而且这样做还会面临法律风险——公司可能因处置不当而被告上法庭。因此，在开始出现上述状况的那一刻，就要做好记录并提醒本人。

多数人不愿提批评性意见，总会顾及相互之间的关系，所以，很多管理者根本就不提什么尖锐意见。更糟的是，如果他的员工的表现低于预期，管理者想提醒一下，但为了避免对方难堪，就尽量口气委婉，因此很难收到预期效果。如果听到老板对你说“你的工作还不理想，需进一步提高”，这当然是一种警示，一定是自己什么地方做得不好，但上级并没具体指出哪儿出了问题、需要怎样改进。这是最糟糕的结果，因为管理者认为自己已经向这类员工给出了明确的反馈，所以，从那一刻起，如果工作还没什么改进，你就会认为他缺乏相应意愿或技能。

处理这类问题更好的方法是，自上任第一天始，你就要事先把话讲清楚，这是你的职责。作为指导者，你不能只提供积极的反馈意见。不论是员工个人还是团队整体的情况，你都要了然于胸，不留死角。要做到这一点，你就要表明态度，保持正反两方面意见的平衡，保证任何反馈都是出于善意的（“我关心你，希望你尽可能做好”），同时将上述原则贯穿到与员工交流的全过程，不能在交流中只抛给员工一堆坏消息。如果你的员工都是得力干将，那么在善于提出正反两方面意见者与那些只会说些漂亮套话而不注重业绩者之间，他们会更敬重前者。人们不喜欢不确定的东西，他们总想知道自己身处什么样的环境中。你应该直言相告，让他们始终了解自己身处何方。

在解雇员工之前，你应该制订过业绩表现计划，其中包括明确界定问题、具体措施以及可量化的业绩表现指标。理想的情形是，按照公司规章制度，把这类计划落实成一份书面文件，分别由你、员工和公司人力资源部门签字。存在问题的员工们应该定期到你那儿了解情况，对照计划评判自己的业绩情况。计划的目的并非要给大家增添心理负担，而是让他们知道，你在花时间和精力真心帮助他们。解雇员工事关重大，不能凭个人喜好或感情用事，不到万不得已，不能走出这一步。

借助你信任的伙伴

办这种事，不能一意孤行，你要和关系密切的导师们定期交流，还要每周与负责人力资源的同事见个面。你要确保自己在涉及解聘员工的法律和政策方面以及真心帮助这些员工避免这一局面的各种努力中，不遗漏任何细节问题。解聘员工的确是一个沉重的负担，要尽可能援引公司有关规章制度，尽量不要一个人承担这份责任。

提前拟一份讲话稿

解雇员工时，在与其谈话中，说话稍有不慎就可能招致严重后果。员工状告经理们在这类谈话中说些自己身上不存在的问题的事例比比皆是。你最好事先准备一份书面稿，并就此与人力资源部经理和你的导师交换一下意见，如果没问题，就照此办理。虽然我一直倡导要人性化、真实和坦诚，但进行解聘谈话时，最好注意控制好自己的情绪。

在这类谈话中，有两句话你必须要避免出现。

- “我完全理解你现在的感受。”这样的话你最好别说，因为这明显不是你的心里话。你其实并不知道对方现在的感受，就别声称自己感同身受了。即使你以前有过类似的遭遇和感受，这个场合也并非你同病相怜的时候。
- “我知道从眼前看这似乎是件坏事，但从长远看是件好事，也许以后你会感谢我的。”此时此刻，不能说什么“天无绝人之路”之类的话。这种遭遇往往让人难堪、沮丧，心生恐惧和愤怒，这本是人之常情。这时，你要控制住自己的冲动，别想着如何去说服别人调整心态，尝试换个角度看问题。对这类消息，当事者要花一定时间才能调整过来。眼下，帮助他们的最好方式是给他们留出时间，同时帮他们尽快且体面地离开办公楼，让他们有时间反思所发生的一切。从长远来看，对他们而言也许是件好事，但此时此刻，遭遇解雇对他们的确是一种伤害。

如何进行这类谈话

你要直接切入主题，尽快把消息告诉他。“今天这次谈话，是要通知你，你不再是本团队的一员了，原因是……”如有可能，要把原因说清楚，如果有偷盗、欺骗或缺乏道德等行为，不妨直接告诉他们；如果是业绩不达标，那么这次谈话也就没什么好奇怪的了。

你有必要请一些相关人员参加这类谈话，至少要有人力资源部门的同事在场。如果你偏离话题，他可以给你提个醒，同时还可当个证人，证明这次会谈是如何进行的。有时候，你甚至需要公司安保人员到场，以防对方可能出现的不友善举动。我以前就曾被迫采取过这些措施。

宣布完这项决定，人力资源部门也表了态，谈话就此结束。然后，你要陪他离开办公楼，这类谈话没必要再延长时间。如果他有个人物品留在办公室，告诉他你会把物品打包后寄给他。当然，这样做也许听起来不近人情，甚至有点粗暴，但这些措施能避免出现这名（前）员工因情绪激愤或无所顾忌而当众宣泄的局面，否则对在场的所有人都不好。刚被解雇的员工很可能深感懊悔，其他人则可以不必胡思乱想（最好的情况），并且还会打消自己的不安全感（最坏的情况）。

这些经验来之不易。我手下曾有一名员工业绩不达标，我一直在等合适机会解雇她。她是个单身母亲，仅靠这份工作养活自己和孩子。我一直推迟做决定，因为我知道，这样做会让她失去生活来源。我一直在等待，其实我不该如此。那次谈话很糟糕，她对被解聘的决定感到困惑。她说：“瑞安，按照业绩指标，我早在几个月前就该被裁掉了，但你没这样做，我以为你不会解雇我。”这都是我的错。由于自己的不作为，不经意间，她以为规矩变了，而且自己的业绩有所改观，可以保住自己的工作。最后发现结果与自己的判断不一样，这让她深感困惑和痛苦。

这时，团队里也出现了对我和我的领导力的质疑声。在他们看来，这种迟疑说明我在面临一项艰难但必要的决定时力有不逮、优柔寡断；认为我为情感所累、不顾及团队整体利益；为逃避矛盾，我把业绩不达标者留在团队，让大家一起背上这个包袱。说到底，按规定处理业绩不达标者，对当事人和整个团队的利益都是最佳选择。制定上述标准的初衷，本身就是为了团队及其成员的成长和发展。如不按规定办理，人们便认为这类领导者缺乏担当，该出手时不出手，冷落了大伙进一步推进优秀团队文化的期盼。

同样，即便你让他躲过一劫，这个业绩不佳的员工也会失去对你的尊重，你的表现说明你自己言而无信。坚持原则固然很难，最佳的行动路径是一以贯之，制订好计划，严于问责。如果员工不抓紧时间积极努力工作，你要帮助他们改进，提醒他们这时是他们努力工作的时候了。

优秀员工的悖论

构建并管理一支高效团队，是管理者打开成功之门的一把钥匙。然而，不管什么领域、规模、时间跨度，如果你曾管理过一个团队，就会知道自己面前的挑战不啻攀登一座陡峭的高山。了解自己追求什么以及如何在秉持严格及自我检视原则的基础上开展工作，如此，你在发现优秀人才时自然会游刃有余。即便如此，真正优秀的人才仍属凤毛麟角。也许，只需一两个出类拔萃的员工，团队便可以斩获优异业绩。总之，人才难得。即便你足够幸运，揽才有方并收获佳绩，这时你在管理上仍将陷入另一种窘境：如何留住这些真正的优秀员工。你是否应该为此做出努力？如此，这一悖论便产生了。

如果管理者有幸延揽到优秀员工并培养他们取得佳绩，但当这些人才流失他处时，就意味着一切得重新开始。在我浸淫其中并担任领导者的销售领域，拥有一名长期且稳定创造优异业绩的员工，能让自己腾出时间，把更多时间和精力放在其他需要努力工作的员工身上。如果刨除他的工作量，团队若想取得如此佳绩，不仅我自己，其他员工都得付出更多努力。

然而，正如你想承担更多责任、获得更多回报（无论在公司内还是公司外），从而让自己的事业更上一层楼一样，其实团队里最优秀的员工自然也有类似想法。不管怎么说，管理者阻止优秀员工另谋高就的举动也在情理之中。有的时候，你会因此提出忠告，对员工们晓之以理、动之以情，告诉他们并非每个看似很好的机会都是最好的晋升阶梯。反对优秀员工另谋高就时，经理们往往声称自己这么做完全是从员工和团队整体利益考虑的。殊不知，经理们往往关心的是自己的持久成功。

我曾就此向领导力研究专家西蒙·西内克（Simon Sinek）请教："人为什么要当领导者？为什么要背负额外责任和负担？"他就一句话："因为关注别人的成功，仅此而已。"音符般简洁的回答让我茅塞顿开。在我采访过的嘉宾中，很少有人让我如此心悦诚服。我相信这是一种恰当的形式来挑起领导者责任这副担子，也意味着你关心团队员工们的利益超过对自己成功的关注。正如优秀父母一样，他们希望孩子超越自己，到外面大展宏图。所以，领导者应该知道这样一个道理，即在某些时刻，放手让优秀员工追求更好的发展机遇，这是你的职责。

令人诧异的是，有些时候，留住优秀员工最好的办法是帮助他们离开。与其千方百计地劝导甚至阻止他们，不如尝试换个方式：为他们另谋高就提供便利。如果你能成人之美，帮助他们实现目标，你会发现这也会成全你实现目标。当单位里的其他人发现你为员工的发展和升迁营造了良好的环境，你往往更有机会发现下一个优秀员工，因为他们希望加入你的团队。

作为领导者，我引以为豪的是能帮助员工做好以下两件事情。

取得足以收获奖励的业绩。对大多数人来说，得到同事认可是件令人愉悦的事。作为职业推销员，我曾数次获得公司的杰出表现奖，经历了令人激动的高光时刻，这让我深受鼓舞。那些场面至今仍历历在目，我应邀走上领奖台，庆贺一年来的艰辛，激动地与同事们拥抱在一起。除了上述公开庆祝活动外，我还享受了一份大礼——免费出国旅行，这让我有更多机会在一种更轻松愉悦的环境下与公司领导层共度时光。和公司高管们同行，他们对我的了解更多，知道我是公司最优秀员工中的一员。这些活动为我积蓄了动能，为将来走上领导岗位打下了良好的基础。个人取得优异业绩，都会有相应的奖金，作为管理者，我十分珍惜这种帮助团队成员赢得这些体验和奖励的机会。

实现梦寐以求的晋升。在和团队成员的单独交流中，我们经常谈及其职业理想并找到下一步努力的方向。我曾与《全黑军团：向世界冠军球队学习长赢法则》（*Legacy*）一书的作者詹姆斯·克尔（James kerr）交流过这方面的情况。詹姆斯拥有所向披靡的新西兰全黑队（the New Zealand All Blacks）[①]独家采访权。他的目标是什么呢？其实就是从内部视角诠释卓越的含义，让人们了解如何以该队为榜样去构建自己的团队。他对我说："你要做的不是告诉别人该做些什么，而是向他们了解我们应该一起做些什么。如果那就是自己面临的挑战，他们会勇于面对。"

在这种与团队成员的单独交流中，我的任务就是做一名虔诚的倾听者，了解坐在对面的这个人所面临的挑战。

一经确信自己了解了他们的想法及个中缘由，我们便一起想办法，找出实现目标的路径。在走向目标的旅程中，这些员工必然会提升自己的业绩并逐渐成长为团队领导者，而且每个人都能从中受益。

在这方面，布伦特·舍茨（Brent Scherz）就是个典型例子。布伦特是我初当经理时的一名销售代表，很有事业心。如今，他就职于一家营业额高达数十亿美元的国际公司，担任国内销售事务的全球副总裁。他是我指导过的第一个人，那时我们还都是普通员工。我升职后，成了他的直接上司。布伦特的目标是得到提拔并管理属于他自己的团队。为了实现目标，我们策划了一个行动方案，就是所谓的"让他走进房间"接受单独采访。为此，他必须以现在的身份做出优异业绩。第二年结束时，布伦特的业绩在所有销售代表中排名第一，作为奖励，公司提供了一辆保时捷汽车，供其使用一年。这项殊荣让他有了机会单独接受采访。

---

① 新西兰全黑队，是新西兰国家橄榄球队。曾在 443 场比赛中获胜 330 场，胜率高达 74.49%，是历史上最成功的国家橄榄球队。——译者注

接下来，他要为自己最向往的工作做好准备。除了帮布伦特获得单独接受采访的机会，我开始让他介入经理对员工的辅导工作。例如，我经常和团队成员一道进行“模拟电话推销”——他们给我打电话（假扮客户），把推销过程演示一遍，最后敲定一笔交易。随后，我会把他们叫到自己的办公室，在黑板上逐字逐句解析他们的推销过程。类似这种演练过程，我会让布伦特（或我要帮助提职的其他人）和我一起坐在办公室，让他主持相应的意见反馈会。他俨然像个经理，在那里听取其他同事提出的建设性反馈意见，这对与会者而言都挺别扭，有时还闹些不愉快。然而，这也正是我这样做的原因。身为经理，我知道布伦特必须这样做，因为最好的准备工作就是实际操作。随后，我会“亲自指导那些所谓的指导老师”——让布伦特听取我对其指导工作的评判。

这种经历会帮他找到管理团队的感觉。作为领导者，对最优秀员工所期待的岗位，要尽可能创造模拟环境，让其经受历练。这样做有多种目的。首先，让自己的顶级员工们有机会在现有岗位之外施展才华，使其在现有角色之外担负起更多责任，因为他们渴望接受挑战、承压，希望被赋予更多责任；其次，亲历这些学习和交流，能帮助他们做好准备，顺利通过领导岗位的面试；最后，这些措施会帮助他们在新岗位上成长为更优秀的领导者。这些工作很有意义，原因在于，身为他们的领导，如果你做得出色，他们就能获得那个职位。

我最近问布伦特，那个时期对他意味着什么，那些活动对他有怎样的影响。他对我说：

得知经理把我当成领导的料，而且还帮我在组织内部增长才干，我深受鼓舞和鞭策。您不仅为我创造机会，让我提升才干并获得现在的岗位，而且还在此过程中给予支持，倾注了大量心血。在朝九晚五的日常工作之外，您让我接受额外挑战，无疑是对我的巨大鼓舞。

和您共事期间，我仅是个销售代表。我指导新来的销售代表们提高模拟电话销售能力，您给予了很多帮助，这不仅让我在走上领导岗位的过程中有了更充分的准备，而且还提高了自己身为销售代表的业务技能。有机会倾听“好”与“坏”的评价，就好像从不同视角看问题，让自己的日常业务工作受益匪浅。这些实践活动让我有机会提出建设性或批评性反馈意见。九年后的今天，在我秉持的销售文化中，这些有益做法仍然是核心内容——高度关注并践行**“演练过程比实操更严苛”**的理念。

要营造一种让员工身处其中并愿意在工作中做出卓越贡献的氛围，其中的一个方法就是对他们的成长和晋升过程进行跟踪和记录。作为经理，最令我骄傲的时刻之一就是像布伦特这样的员工得到晋升。我觉得（现在还是如此）自己对他们的成败负有责任。

这就类似于主教练帮助自己的助手锻炼和成长，为他们日后当上主教练做准备。作为最优秀的教练员，他要做的不仅是赢得冠军，而且还要留下自己的遗产，就是培养一批领军者——打造“教练谱系”，假以时日，它将在相关体育领域枝繁叶茂，茁壮成长。

比尔·沃尔什这个名字与全美橄榄球联盟冠军是同义词。在成功把经年羸弱的旧金山 49 人队打造成全美橄榄球联盟最佳球队之后，沃尔什又连续赢得三届超级碗大赛冠军。而且，令人印象更深刻的是，那些曾在沃尔什手下习得真传的助理教练们续写着胜利的辉煌。鲍勃·格劳伯（Bob Glauber）是体育栏目撰稿人，也是《勇气与天才——掌控了 20 世纪 80 年代美国橄榄球联盟的三个教练的故事》（*Guts and Genius: The Story of Three Unlikely Coaches Who Came to Dominate the NFL in the '80s*）一书的作者。这是一本关于沃尔什的遗产及其怎样发端的书籍。格劳伯这样写道："因未被保罗·布朗（Paul Brown）选中担任孟加拉人队（Bengals）主教练（1976 年），沃尔什深感不安，并暗自发誓，有朝一日自己担任了主教练，就着力培养其他教练人员。在打造'教练谱系'方面，不仅在全美橄榄球联盟历史上而且在整个美国体育运动史上，他都是最有成效的。"

1989 年，沃尔什在赢得三届超级碗大赛冠军后光荣退休。在他的弟子中，有四人作为各自球队主教练继续斩获了超级碗大赛的冠军，他们是乔治·塞弗特（George Seifert）（旧金山 49 人队，1990 年和 1995 年）、迈克·沙纳汉（Mike Shanahan）（丹佛野马队，1998 年和 1999 年）、迈克·霍姆格伦（Mike Holmgren）（绿湾包装工队，1997 年）和道格·佩德森（Doug Pederson）（费城老鹰队，2018 年）。"沃尔什知道怎样培养教练，他专注于此并见证了他们的成功，这对他意味良多。"格劳伯说道。这一切绝非偶然，比尔·沃尔什不仅作为历史上最杰出的教练之一而名垂青史，同时其培养他人成长为优秀教练的精神遗产仍历久弥新。作为新上任的管理者，你要尽早开始考虑这项工作，有意识地培养未来的领导人才。如此，与仅注重团队本身的业绩表现相比，你发挥的作用要大得多。

主要观点

- 作为管理者，最重要的决定应该是团队的构成，也就是确定团队成员。投入时间和精力遴选成员，比你做其他事都重要。
- 关心自己的员工而非自己的事业。
- 偏执是一种观念或看法，偏执者认为全世界都在携手为其工作。
- 多数应聘者对一些基本问题都会有所准备，根据他们的回答，你从后续提问中能了解更多信息。比如，你问“为什么？然后又发生了什么？你从中学到了什么？”等。
- 从当上管理者的第一天起，就必须牢记管理团队是你的分内之事。让团队知道，你将对业绩表现进行全方位反馈，这源自一个良好的出发点，即你的愿望是帮助他们取得最佳业绩，帮助他们获得与之有关的一切利益。
- 如要解雇员工，你要直截了当并说明解雇的理由，要尽快向团队通报结果。

行动建议

- 与自己信任的同事一起协商，列出拟聘用员工必备的品质。花时间充实和完善如此重视相关品质的原因。
- 拟定面试流程，准备好提问的内容，从而让你有最佳时机去发现应聘者是否具备你最看重的那些品质。

- 安排与一些指导老师会面，他们在解雇员工方面经验丰富。请他们详细介绍需要关注的每个细节，并坦诚他们在此过程中的失误。你要从这些做法及失误中吸取经验教训。

第三部分

领导自己的团队

LEAD YOUR TEAM

现在，你接触了引领自我的概念，心中已经勾勒出一种健康的团队文化，而且还聚集起一批人，在工作中付诸实践。在这方面，你的工作具有连续性，同样也为下一步工作做了准备。现在是你领导团队的时候了。你的表现取决于你自己的沟通艺术，也就是说，你要了解语言表达的力量，与团队建立真正的联系。通过沟通交流你才能发挥自己的影响力。无论你是正在了解如何有效策划并主持一次团队会议，还是与一名业绩未达标的员工进行一次艰难的谈话，沟通技巧都是其中的核心。

从以前只关注自身的特定角色、本职工作和业绩，转变为承担起对整个团队的责任，这对一个业绩拔尖的普通员工而言，是一项巨大的挑战。从一名运动员转变为教练员的过程往往是十分困难的，充满了戏剧性。这是个关键时期，你要了解自己的团队，弄清如何才能使其运转起来，因为你现在的职责就是让人们行动起来，团队中其他成员的表现就是衡量自我业绩的标尺。虽然你不必亲自手握方向盘，但你要肩负起引领航向的责任，这和你以往要解决的问题迥然不同。

所有这些都反映在结果上。作为领导者，你要对团队的业绩担负起最终责任。如果你对此耿耿于怀，你就要适时重新考虑当领导者的选择了。我们接下来要讨论愿景的内涵及其重要意义。此外，还将讨论为什么要从自己的失败中吸取教训，以及如何从自己的成功中总结经验以便继续复制（一个被多数人忽视的关键环节）。我们要探讨领导、管理和指导的重要性及它们之间的区别，为什么要以谦恭的态度做好这三方面工作，为什么这是实现强有力的高效领导力的关键。

chapter

05

第 5 章
传播信息

我们已经构建起叙事文化，而且每时每刻都在挖掘、发现并讲述组织里的故事。这一过程带有明显的目的性。我讲故事的时候，总是试图将故事内容与某种价值观联系在一起。

——斯科特·哈里森（Scott Harrison）

上善若水（Charity Water）公益组织创始人及首席执行官

（《学习型领导秀》第 290 期）

有效沟通是领导力的生命线。迈克尔·尤西姆是沃顿商学院管理学教授、“领导力及应变管理中心”主任。每年他在教授 EMBA 课程时，都要求学生对某个在传承领导力理念方面表现最卓越的典型人物进行一番评价，这其中当然包括历史上著名的领袖人物，但他们通常会提及自己工作时遇到的上司或老板。这些老板身上值得一提的诸多特点中，尤西姆认为尤为突出的是“他们在传达某项计划及制订实施方案时所展现的突出能力”。

换言之，他们都是优秀的沟通专家。

这些老板身上的特质同样体现在商界领袖们身上。罗布·德马蒂尼（Rob DeMartini）最近被聘为 USA Cycling 的首席执行官，在这之前，他曾在新百伦做了 12 年首席执行官，这是一家位于波士顿的生产运动服装和运动鞋的企业。而在此之前，他已在宝洁公司做了 20 年管理工作。在此期间，新百伦的营收从 2007 年的 15 亿美元增长到 2017 年的 44 亿美元。当我问及这些年来与他共事过的卓越领导者时，他提到两个关键人物。关于宝洁公司首席执行官 A.G. 拉夫雷（A.G.Laffley），罗布说："他能把复杂信息提炼成简洁明了的话语，这样一来，整个机构就能准确了解相关内容。他具备极强的洞察力。"在罗布看来，清晰明了也是吉列公司首席执行官吉姆·基尔茨（Jim Kilts）的一张名片："他是水晶般透明的领导者，而且个性强硬、有主见，所以你很清楚他要你做什么，这让你工作起来更简单。"

与团队成员进行有效沟通的重要性怎么强调都不为过。正如父亲在我年轻时教导我的那样："作为领导者，你向团队成员讲话的时候，一定要清晰明了，生动有力。"他们要理解团队使命的总体情况以及每个人在实现这一使命中的具体角色，同时还要时刻准确了解你对他们的期许。如果你不能清晰地进行沟通，他们就不能了解和完成这些任务。如果他们没搞清楚，你作为团队领导者，要为沟通的失败承担责任。

下面介绍的几种方法，都是强有力的领导者在沟通交流时必须掌握和使用的。

- **召开会议。**计划并召开一次会议，用好团队的时间，你和大家都能从中受益。
- **进行艰难的对话。**偶尔进行的艰难对话很重要，对此你要有所认识。专业人士提倡开门见山，甚至提出批评意见，但出发点应该是"我的职责是成就你的辉煌"。
- **执行上级指示。**向团队成员传达上级指示。虽然你对上述指示可能并不完全赞同，但你有责任贯彻和执行。

- **与高层沟通。**要保持与管理层的沟通和交流，不论是汇报业绩，还是说服上级领导采取你所期待的行动。
- **公众演说。**建立一套有效的演说机制，包括做好时长分别为 1 分钟、3 分钟和 5 分钟的短小演讲。
- **借助工具。**有效利用自己手头的沟通工具（电子邮件、电话、一对一面谈等）。

学会讲故事

懂得并运用好讲故事的力量，并不是无端伤感或煽情，也不是用以替代合理争论和实事求是的技巧。正如著名学者布勒内·布朗（Brené Brown）在休斯敦 TED 讲坛上说过的那句名言："讲故事就是读取心灵里的数据。"当涉及头脑和心灵时，良好的沟通就能与之相得益彰。

美国媒体心理学研究中心主任帕梅拉·拉特利奇（Pamela Rutledge）博士认为："讲故事就是表达思想，从中诠释生活的意义。我们可以将其称作概要、剧本、认知图、思维模式、隐喻或叙述。故事就是我们对这些问题的一种理解：事物如何运转，我们怎样做出决定、怎样证明决定的合理性、怎样说服别人、怎样理解自己在世界上的位置、怎样营造认同感并定义和传授我们的价值观。"

有效组织叙事结构，把故事讲好，不仅能引发人们去感受或被激励而行动，而且还能让人们更好地记住相关信息。在 2014 年的一项有关倾听的研究中，研究人员为参与者播放了一系列录像资料，其中一组是说明性的音频资料，另一组是故事性的视频资料。该实验揭示了信息传递方式和记忆程度之间的相关性，结果表明，通过故事传递的信息更容易记忆。

我喜欢的作者往往能巧妙地把故事情节与科学知识融为一体，从而深深吸引我、打动我，让我享受其中，难以忘怀。例如，沙恩·斯诺（Shane Snow）在其撰写的《出奇制胜》（*Smartcuts*）一书中提到了横向思维，即通过质疑“使问题得以成立的假设条件”以便“从侧面”解决问题，是“最成功人士的惯用方法”。为此，斯诺惟妙惟肖地讲述了许多不同的故事：从同宿舍的大学同窗玩转电子游戏《超级马力欧兄弟》（*Super Mario Brothers*）并奋力打破世界纪录（以 6 分 28 秒打破 33 分 24 秒的纪录，这让“奋力打破”一词显得苍白无力），到 16 岁的本杰明·富兰克林以一个女人的笔名在其哥哥的报纸上发表文章等。在阐述横向思维怎样及如何能助力你的职业生涯加速前进之前，他讲述这些故事的目的是为了吸引读者并让他们享受其中的快乐。循着他的思路，我向他了解了更多的有关叙事的过程，以及为什么会产生如此大的影响力。斯诺说：“继《出奇制胜》之后，我写了一本新书，名为《讲故事的优势》（*The Storytelling Edge*），主要是从神经系统科学的视角探讨为什么讲故事会有这么大的影响和效果。结果表明，你的精力越集中，记住的内容就越多。与掌握事实相比，故事里的内容更能激发你的大脑。更令人惊奇的是，故事会刺激大脑合成一种荷尔蒙类的神经化学物质，简单地说，它让我们更多地移情于故事里的主人公。”

当然，你现在读这本书并不是要学会怎样成为畅销书作者或者当名牌大学教授。所以你也许会问："好吧，看来这些书一定很有趣，我会把它们加到我的学习清单中。但是，我怎样才能掌握类似技能，通过讲故事和叙事，更好地管理自己的团队呢？"

关于如何讲好自己的故事，下面这些是我多年来学习和掌握的一些要点。

- **关联性强。**必须让读者或听故事的人感觉自己可能就是故事里的主人公，如此，他们就能置身其中，对故事里的人物感同身受。
- **制造悬念。**正如我的朋友瑞安·霍利迪（Ryan Holiday）对我说的那样（在读了我的初稿后）："你必须吊足他们的胃口……让他们总想翻到下一页。"从一开始就要构思具有悬念的情节，勾起人们对后面故事的渴望，进而继续阅读下去。
- **跌宕起伏。**故事中要有必须克服的挑战。主人公被击倒了，要想方设法站起来。讲故事的人通过上述情节唤起人们的怜悯和共鸣。
- **触动情感。**会讲故事的人长于煽情，懂得遣词造句并控制节奏，让听者仿佛身临其境。
- **简洁明了。**最明智的沟通者善于把复杂问题简单化；最无效的领导者则会把简单问题复杂化。
- **出人意料。**最好的小说和电影能让你惊叫起来："哇——啊——"构思故事时，唤起高潮有多种途径，要选择那种语惊四座的方式。
- **意犹未尽。**为听众呈现一个完整的故事，告诉大家你讲述这个故事的原因以及在工作和生活中如何加以借鉴。

想提高讲故事的能力，就应该向高手学习。无论在书里、电影里还是播客上，你都可以找到令你感动并启迪自己心智的故事。从其他讲故事者身上，你可以学到相关知识和技巧。你要尝试去模仿。

节奏与频率

就传达信息而言，说多少话和怎么去说都非常关键。简洁地表达非常重要，它是优秀沟通者手中的磨刀石，能让自己的讲述如剃刀般锋利。他们在沟通时，不会因冗长的讲话让人觉得单调乏味。

想要用简练语言传递更有效的信息，你可以向老到的喜剧演员取经。喜剧演员比尔·希克斯（Bill Hicks）提醒那些即将走上舞台的喜剧演员："听听自己在说什么，然后问自己'我为什么这样说？有此必要吗？'"这两个重要问题在喜剧表演之外仍有重要意义。不管面对什么听众，也不管出于什么目的，都要让自己说的话、使用的词句恰如其分。

优秀的喜剧演员、作家、演讲者和电影导演们都知道怎样删除不必要的内容。你在欣赏一部天才导演执导的电影时，银幕上的每一细节都有其特定意义。虽然在场景制作和剪辑工作中投入了大量时间、金钱和努力，然而有些内容却从未走出过剪辑室，因为事后证明，它们不是叙事的必要条件。

与团队成员或老板沟通也要遵循相同的原则。如果你用电子邮件传递一条重要的信息，应采用同样的方法。先写好邮件，然后阅读，并用影视导演那种挑剔的眼光加以审视，问自己所写的内容是否必要。就此问题，对邮件中的关键内容和观点，强迫自己如实做出回答，然后删除那些不必要但也许还算切题而且也很有趣的部分。无论你是在发电子邮件或是准备团队会议，每一次做准备时都应该如此。

这些事知易行难，所以我至今都很注意并始终力争做好。从第三者的角度审视自己的工作很有意义。对一些尤其重要的沟通，需要找人帮你审核并根据其意见进行必要的修改。

可有可无的内容是在浪费时间，其结果就是，别人不想再听你说话了。然而，如果人们知道你所说的一切都是仔细斟酌过的，他们就会认真听你讲话。

与讲多少话同样重要的是交流的频率与节奏。如果你刚晋升经理不久，你应倾向于频繁沟通。在团队成员开始了解你的过程中，多交流可以缓解他们对你的猜忌并建立起信任。人们会发现，你想倾听他们的声音，并想尽最大努力保证交流渠道的畅通。

当然，无论你是新手还是老手，就管理者而言，频繁沟通也会有潜在的不利之处。这样做可能使你像个事无巨细的微观管理者，或者更糟的情况是你真的变成了这种人。作为一家大型跨国公司的销售副总裁，在接管一支专门负责国内销售的团队时，我很注意尽量不让新团队觉得自己是个事无巨细的人。我如果表现出对他们的信任，就不需要总是站在后面监督他们的工作，所以也就不想老给他们发邮件或开大会，分散大家的精力。在我看来，他们都想独自完成自己的工作，因此我会尽量少去打扰他们。

然而，当我征求反馈意见时，却惊讶地发现他们想更多地听到我的声音。因此，我们得想办法找到一个恰当的平衡点。于是，我们建立每周例行的对话制度，成员们可以谈谈各自的情况；我还制定了与团队成员定期进行一对一交流的制度；此外，我还抽出时间到外地出差，和员工们一起看看“现场”。最终，我和团队一道确定了每周进行多次沟通的例行计划。

我犯的错都是一些常见的错误。在刚接手一个团队时，面对那些不太了解的人，你想通过细致入微的管理来施加自己的影响，这种冲动通常很强烈。为了避免在领导力方面出现这种缺憾，有些领导者往往矫枉过正，疏远大家。这两种做法都不足取。你的职责是在其中建立一种恰当的平衡关系。

怎样构建与团队的沟通方式，取决于你所在的公司、自己在公司的地位、管理多少员工、自己与团队成员之间工作地点的远近、团队的状态及其共同开展工作的能力，等等。如果你和团队的工作地点相距较远，那么定期沟通就显得尤为重要，如此可以弥补你们之间见面机会的不足。要做到这一点，就要多留心，主动做出安排；同时，为保持良好沟通，要了解新团队成员对沟通频率和节奏的建议。

沟通会不会过于频繁呢？一般而言，是的。你一定不希望自己的会议以及与成员的单独讨论影响工作效率，这涉及全方位沟通所需投入的时间和精力，如你与团队成员之间、你与那些和公司相关的其他人员之间，甚至你与上级之间。当经理时，我收到的一则最重要的忠告来自我的一位导师。他告诉我，我会接触业内各方面人士，会感受到这些人在不同方向拉扯着我，“他们想让你参加他们的各种会议，无论亲自莅会还是电话交流，但你的主要时间是和自己的团队在一起”。他告诉我把握好自己的时间，回绝任何与团队努力方向相悖的事。埃隆·马斯克曾经跟自己的员工说，如果他们不能给会议带来有价值的东西，或者会议对他们自己也没什么意义，就应该离场。这话听起来会有些刺耳，但却有着现实意义。

建立联系

说到沟通，重要的一点是永远牢记它的目的，即与他人建立联系。人如果没有进行沟通的机体组织（通过语言、图画、姿势或面部表情），我们彼此间就好似孤立的岛屿。我们进行沟通，就是要建立联系、传递感情、交流思想，进而共同努力去完成自己无法独立完成的任务。如果你曾在人群中感受过孤寂，你就知道找个人交谈的价值以及赋予你的力量。建立联系是我们沟通的目的，而是否建立了联系，的确是衡量有效沟通的一种方法。

埃米·特拉斯克（Amy Trask）曾是奥克兰突击者队的执行总裁，现任哥伦比亚广播公司体育节目的橄榄球评论员。除广播公司的工作以外，她还是BIG3（“三人制”职业篮球联盟）的理事会主席。在一个男性主导的世界里，她一度成为女性管理者和权威人士，并深谙快速与同事建立密切联系之道。她告诫身处不同层次的领导者，要把与他人建立联系摆在中心位置。她跟我说：“无论从事哪种行业，都不能竖起围墙，不要把公司内的各部分割裂开来。要想把事办好，最重要的是沟通、配合、协调与合作。”

深入了解自己的员工以及表达对他们的关心，是你与团队建立联系的出发点。我很喜欢美国西南航空公司创始人赫布·凯莱赫（Herb Kelleher）说过的一句话：“沟通就应该是这样的，当看到本部门的某个员工时，你会说，‘埃米莉，很高兴你又回来上班了。听说你的孩子出了点麻烦，现在怎样了？’”

建立联系的关键是管理者要尽量避免长篇大论、说个没完，对话要有助于帮助别人找出答案，激励他们继续向前。鉴于已经有了一系列相关制度和要求，在管理团队时，我不会直接发号施令。成员们此前已经积累了经验，我要让他们发挥积极性，让他们自己想办法解决问题。对我而言，要了解自己这些举措的效果，也需要花些时间，不过，我还是把这种方法视为一种近似于苏格拉底式问答法（Socratic method）[①]。我孜孜以求，向团队了解存在的问题，但不会生硬地提问，而是采用随意的形式。我会问一个员工：“情况怎么样？哪些比较顺利？哪些还有问题？”我会根据他们的反应、声调或动作继续提问，直到搞清楚为止。

作为团队管理者，我并不认为自己是解决方案的主要提供者，确切地说，我的职责是通过沟通激发团队的兴致，让他们创造性地解决问题。我为他们留出解决问题的空间，让他们有机会自己寻找答案。

在与团队建立紧密联系的过程中，还有一种方法，不在于你怎样沟通，而在于你怎样倾听。学者杰克·曾格（Jack Zenger）和约瑟夫·福尔克曼（Joseph Folkman）认为，善于倾听并非仅限于简单地接收和理解所听到的信息。

> 我们中的许多人认为，好的倾听者应该像海绵那样，能完全吸纳别人的话。然而，研究结果表明，优秀的倾听者更像蹦床，他们不仅可以接收你的

① 苏格拉底问答法是引导学生得出预定结论的一种问答方法。——译者注

想法，更能反射出你的思想；他们能**放大你的想法、厘清你的思路并为其赋能。**他们并非仅限于理解，而是积极给予支持，这让你感觉更良好，就像在蹦床上跳跃一样，让你获得能量并达到新的高度。

说服他人

在亚拉巴马州的伯明翰，我每天都为自己大学毕业后的橄榄球职业生涯做着各种准备，严格遵守既定的日程安排。如果没有比赛活动，我会在早上 5：30 起床，然后去举重和跑步；8：30，到体育场看录像，与教练交谈，然后开始训练；下午，我会坐在户外，沐浴在阿拉巴马明媚的日光下，（反复）阅读我从俄亥俄州随身带来的一本书——罗伯特·西奥迪尼（Robert Cialdini）撰写的《影响力》（*Influence*）。

有人说这本书能帮助读者学会怎样成为一名更好的职业推销员，于是我就买了这本书。然而，到了伯明翰我才发现，这本书别具吸引力，原因有二。首先，我刚接任四分卫一职，我知道我得去适应这个角色。我需要得到新队友们的信任，让他们接受我的领导。在南方腹地的这支球队中，别人都管我叫“北方佬”（以前从没有人这么叫我，仅称“俄亥俄州来的家伙”）。我知道，自己需要使出浑身解数施加影响并培植追随者。其次，我深知，在职业橄榄球联盟中，无论有什么意想不到的机会，我都不会永远从事橄榄球运动。我把其视为自己在运动场和更衣室这种实践环境中学习更多领导才能的机会，为将来在商界从事领导工作做更充分的准备。

时光荏苒，转眼间10年过去了。得益于自己在播客上获得的机会，我有幸联系上了西奥迪尼博士，并为他录制了一期节目。那时，他写的书很畅销，已经卖了几百万本。从他的书和我们的交谈中，我学到了影响和说服他人的若干原则。鉴于这些技巧对管理者异常重要，在此列出我认为最有效的三条原则。

- **互惠互利。**在期望得到之前，先要给予，不让别人有欠你人情的感觉。给予时，别抱着想得到回报的念头。做点什么，去帮助并服务他们。出手大方点，你极有可能在不经意间从别人那里得到回报，而且会远超之前的付出。
- **社会认同。**如果人们发现，他们尊重的人都在追随你，则这些人也会紧追随你。尽早找出团队中的这些关键人物，经常联系，并与之建立真挚的友谊。这些人都是有些影响力的人物，其他人往往会到他们那里寻求指点。让他们担负起责任并给予支持，以此赢得他们的尊重，他们会帮你赢得整个团队的支持。
- **践行承诺。**人们往往会认真践行自愿、公开的书面承诺。就像制定目标那样，如果该目标经公开讨论并落实在纸面上，那么人们为实现目标而采取行动的动力就愈发强劲。和团队一起制订计划并写在纸上，然后和每个成员一起制订个人计划，最后，将这些承诺公之于众。

沟通形式

与团队沟通的方式在很大程度上取决于工作场所的形式以及企业对内部文化的期许。然而，抛开这些细节，我认为，个别谈话是最好的沟通方式。面对面互动，你可以充分发挥手中可以支配的各种工具。暂不考虑成员工作地点较远的情况，即便所有人都在同一办公地点，管理者通常也很少离开自己的办公桌，来到办公区其他成员的办公桌前，以一种更有力度和个性化的方式和他们谈话；取而代之的，则是发邮件和打电话进行沟通。

显然，这不是什么新的看法。汤姆·彼得斯和罗伯特·沃特曼（Robert Waterman）在其具有里程碑意义的管理学著作《追求卓越》（*In Search of Excellence*）中，用一句简单的话来描述这种最基本的领导形式——“巡视管理”。最好的情况是，管理者每天进行多次巡视。巡视管理的目的是，通过与员工随机交流，发现新情况，从而掌握一线工作的新动态。然而，为更好了解团队及其工作情况所进行的巡视管理，与深陷那种事无巨细的微观管理之间，存在着细微的差异。没有哪个员工愿意你跑到他的办公桌前，就好像老板转到身后盯着自己一样。

我所进行的最有效沟通，往往发生在自己在过道上巡视的过程中。这些“微观指导”通常就是 8 分钟左右的非正式交谈，随机而定，很少提前安排。实际上，团队成员之间的许多联系以及（更为重要的）学习和了解，就发生在这种场合。不过，计划中的面谈与这种随机交流不应混为一谈。

在干中学蕴含着巨大的力量，这对职业经理人来说同样具有指导意义。找机会让自己实际体验一下团队成员必须要做的相关工作。要想了解工作的开展情况，最好的办法就是深入其中，最好的学习方法就是亲自动手。

在这里，我介绍一段自己的亲身经历。作为电话推销机构，我们团队的工作主要就是通过打电话随机拜访相关客户，向其推销产品。大家协调一致，发起电话“闪击战”，我也拿起电话并参与其中。我们对客户进行区分，划定潜在的客户名单，每次有人创造出机会，就会通过邮件在整个团队共享信息。比领导干得还漂亮成了一种比较直接的激励，有助于提高员工的积极性。

此外，我会坐在某个员工的小隔间里，使用他或她的电话进行示范。这些推销电话并非模拟或扮演角色，对方是实实在在的客户或真正的潜在客户，对话的背景情况根本无法预知。我进入战壕与他们一起战斗，克服紧张的情绪，感受他们那般遭拒的经历，亲临现场为大家鼓劲。如此，我就能深入了解团队开展工作的情况，收获极为珍贵的资料。我可以准确地听到这些客户或潜在客户在电话另一端的对话：他们如何回绝、他们喜欢什么、不喜欢什么，等等。

后来，我接手了一个室外团队，员工分布全国各地，但这并未让我放弃巡视管理，只是根据现实条件调整了自己的策略。与以往走出办公室，在办公区转转不同，我现在需要离开自己的城市，在全国飞来飞去。与之前的那些团队相比，尽管与成员个人的交流机会少了许多，但我的初衷和产生的效果却如出一辙。我过去常在办公区隔间之间的过道上进行交流，如今改到在车里或餐桌上。以前，我参与打电话拜访客户的比赛，现在则参与当面拜访客户的活动。这期间，我会提出问题，弄清楚客户最喜欢什么以及我们怎样去改进。和以前一样，通过倾听团队成员及客户的意见，我学会了怎样更好地管理自己的团队。

你在工作中的大部分时间应该与自己的员工在一起，这就好似把机构工作流程图倒置过来：你在底部，向你汇报的员工在顶部。即使你和他们不在同一座楼里办公，依然可以用同样方式规划自己的一天。

如果你通过电子邮件与成员进行沟通，请记住，文字须精炼且十分必要，你发出的每一份邮件都要有明确的目的。如果你转发一组毫无意义的电子邮件，而且还在上面标注“阅读下列文件”，这种邮件被阅读的可能性就会大幅降低。如果成员们认为你的邮件多数情况下没什么实质内容，他们很可能会删除这些邮件，进而错失你真正要传达的重要信息。

你可以随意尝试电子邮件之外的多种沟通渠道。随着科技进步和文化变迁，我开始通过短信与团队成员进行公开对话。目前，我的“学习型领导圈”成员相距较远，因此，我们就利用 Zoom 上的应用程序 Slack，通过视频会议进行交流。正如亚当·格兰特说的那样，当一群人聚在一起“畅抒己见”时，我发现这种方法作为一种实时参与其中的工具大有用处。我们的讨论涉及书籍、事件、有关议题、销售等许多方面，这样我们就可以向大家提出问题并很快收到很多不同意见和建议。

怎样发表简短的讲话

相对于做其他任何事，当众发表一番出色的演说，将为你创造更多的职业发展机会。这种能力比你展现的任何其他职业技能更能收获高层的青睐。这不仅事关做一次出色的演讲，更重要的也许在于展示你在群体环境中有效驾驭棘手问题的能力。你必须学会在口才和文笔两个方面都成为一名优秀的沟通者。跻身管理层，为你提供了更多展现能力的机会，你要么最大限度加以利用，要么任其付诸东流。

说到演讲，多数人想到的是，演讲人在精心设计的幻灯片前花几小时进行练习的情形。作为一个新任经理，也许从不会有人要求你在这种情形下讲话，但你很可能每次与团队见面时，都需要简单地讲几句。每周，你必须花1分钟、2分钟或5分钟给大家讲话。无论长短，掌握如何发表一次主题鲜明、内容简洁，同时又令人印象深刻的讲话，是一项不可或缺的技能。

即便你在做的是1分钟左右的会前开场白，你也要认真应对，确保顺利完成。从阐明目的着手，开始准备你的讲话。仔细考虑为什么召开本次会议并以此指导自己的讲话。在此基础上，你要做好准备，构思演讲的四个基本要素：扣人心弦的开场白（最好是讲个好故事）、拟传达的要点、支撑这些要点的材料，以及总结和动员部署。

通常，精彩的演讲应包含一个引人入胜的故事。最能吸引听众注意力的，往往是演讲刚开始的时候。如果一开始就以生动的语言吸引人们的注意力，你就能激发大家的兴致和好奇心，让他们认真倾听后续的演讲内容。

下面是一个演讲架构，无论你的讲话是长还是短，你在构思时都值得参考。它来自我的导师——查利·麦克马汉，他是俄亥俄州森特维尔市南布鲁克教堂的主事牧师，也是我很喜欢的一位演讲者。当问及怎样构思自己的讲话、如何把扣人心弦的故事编排在一起时，他向我介绍了自己在课堂上讲授的五个步骤。

- **制造悬念。**先提出能抓住听众注意力的信息。
- **营造紧张。**罗列出团队或听众面临的问题，让他们知道摆出这些问题的重要性。
- **澄清事实。**以科学和研究结果为依据，说明实际情况。
- **即学即用。**给出实际举措或听众可以借鉴的方案。
- **激情结尾。**结束时，用激励人心的语言，鼓励大家都行动起来。比如："这难道不是我们想做的那种人吗？"

无论你采取哪些步骤，你的讲话或长或短，成功的关键在于精心的准备。

怎样应对艰难的沟通

在领导者生涯中，有许多时候，你都会遇到难以启齿的沟通局面。虽然有多种应对方法，但有一条最基本的原则，就是如要将某个员工列入绩效提升名单、试用名单或公司的其他类似安排，永远不要对当事人搞突然袭击。如果员工对这种谈话感到惊愕，说明你作为管理者在此之前没有尽到责任。

面对这类谈话，多数管理者会感到很纠结，其实这并不奇怪，我也如此，我希望每个人都喜欢我。宣布一项不受欢迎的决定时，我会感到紧张和不安，所以会推迟发布，直到自己发现出了问题。在我的公司中，有一次曾有两名员工都提出申请，这两人是一男一女，要求去负责一个新的营业区域。这在销售行业很普遍，如果有优秀员工升职，其他人会对他腾出来的那个区域感兴趣并提出调换申请。资料显示，男员工在公司的资历更长，拥有更多的成功记录，所以我把该区域给了他。我通知了他，他很高兴，然后我们各自干自己的事去了。对那个女员工而言，这确实是个坏消息，所以我并没有及时将此事告诉她。

“坏消息总归是坏消息，不会随时间而改变。”不止一个导师这样告诫我。我总觉得如果不说，效果可能更好，但实际上，往往事与愿违。

我没在第一时间告知她，对她是一种伤害。她觉得我偏心眼，甚至说我们搞“裙带关系”，这让我很被动。其实，我这样做是基于过去的工作表现，也是对业绩长期优异的员工的一种奖励，但她并不这么看。她的这种看法是由于我不敢把这个坏消息通报给她造成的。这确实是我的过错，我得花很长时间才能弥补。这名员工对我的不信任感是我一手造成的。如果能开诚布公，及时把决定通报给她并在第一时间安抚其不满情绪，效果可能就不一样了。这样做虽然会给自己暂时带来一些不适感，但相比现在要弥合这种已经受损的关系，所花时间会短得多。

在这件事情上，我明显感到，由于未能进行及时有效的沟通，我在团队中的威信有所降低。因此我吸取了深刻的教训：处置不当就要付出代价，而这种代价不仅仅是给特定员工带来直接的负面影响，也会给团队其他成员带来不良影响。

金·马隆·斯科特认为，如果你真正关心自己的团队，自然就愿意尽早通报坏消息。在参加我们的播客访谈时，他说：“你会觉得自己好像在毁掉一个员工的生活，但这是一种颇有戏剧性的看法。挫折是暂时的，现在他们可以轻装上阵，去追求长期来看让他们更幸福的事情。”

我经常听到的一则忠告是，进行艰难沟通时应遵循“PCP”原则——表扬、批评、表扬。尽管这看来合乎逻辑学，但如果不是发自内心，那就不是那么回事了。如果要批评某人，其间不要虚情假意地表扬一番。如果你习惯用表扬装点批评，那么在你当真要赞扬某人时，难免会让人觉得虚情假意。要想让事情简单一些，要想尊重每个人，你就不妨直言相告。也许他们不喜欢你说的事情，但不会因你实言相告而对你耿耿于怀。

在这方面，优秀员工尤其如此。他们期待反馈意见，尤其是期待着来自管理者的反馈意见，找出症结所在。优秀员工谋求不断提高自己，如果没有你的反馈，他们将无法更好地实现这一目标。在这个世界里，即使最优秀的运动员，也有寻求教练帮助的需求。在追求卓越的同时，他们深知自己需要接受持续不断的直接意见反馈。身为管理者，给员工反馈意见就是你当前的职责。

怎样代表上级进行沟通

作为四分卫，我必须学会怎样以一种权威性且有说服力的方式，向球队传达上面的指示精神，即使我自己并不完全赞同其中的内容。令人讨厌的助理教练有时要求我们实施一项我并不喜欢的战术，但比赛时我不能在队员面前流露这种不满，只能满怀信心地按照要求去布置。如果我在指挥中优柔寡断，或者显出些许迟疑，则该战术定然无法奏效。收到教练在边线外发出的信号后，我必须快速理解教练的意图，并迅速传达给队友们。

在企业工作，质疑或反对上司决策的事情实属家常便饭，这是不争的事实。作为经理，你有时会接到一项需要向团队传达的指令或者一项你不完全赞同的要求。正如布赖恩·科佩尔曼说的那样，重要的是维护上级指示的真实性，“不要人为制造紧张气氛”，管理者要满怀信心地传达下去。“当然是这样做，”你很可能这样回答，“但是，怎样传达呢？”

长期以来，我的做法是让自己通盘考虑来自各方面的指令、计划和要求，这其中既有来自上司的，也有我自己的。只有当我站在别人的视角，真正弄清来龙去脉的时候，才会向团队进行传达。这种做法有助于我准确传达上级精神，又不致“把领导卖了”。作为经理，你不能把上级推出来，否则，你不仅容易出错（你并没有掌握相关的全部信息），而且注定会播下不良文化的种子。

有一个不言而喻的非常重要的警示必须在此提醒一下：如果有人要求或指示你做些违法或不道德的事，你有责任大胆地说出来，不能盲从。如果人们只知道按指示去做，即使该指示明显有错误也照办不误，其结果自然会导致类似安然公司（Enron）[①]和Theranos公司[②]那样的丑闻发生。别让你的名字列在那类中层管理者的名录上，他们出卖了自己的灵魂，惹是生非，最终被时代淹没。

① 美国一家知名能源公司，2001 年因财务造假丑闻爆发而破产倒闭。——译者注

② 美国一家生产血液检测产品的创业公司，曾风光一时。2017 年被监管机构定性为欺诈而尴尬收场。——译者注

怎样与上级沟通

向公司高层领导反映情况时，汇报者通常谨小慎微。我都说些什么？该怎么说？高层领导们在会议室里都怎么谈话？我是不是说得太多了，还是没说透？这个准备过程往往让人筋疲力尽。

为开好两个月后与公司首席执行官的一次会议，我曾和团队的几个人一起提前做了各项准备工作。我们开了无数次会议，不厌其烦地反复修改着满是业务细节的要点汇报稿。把这么多人力和时间用于简单的情况介绍上，看起来有点浪费，但却很有必要，谁都不想让首席执行官觉得我们准备得不充分。

经过数周的繁忙准备，会议终于要召开了。首席执行官正好跳过我想让他了解的那些精心准备的内容，而且还忽略了我们提供的大部分数据。相反，他只关注有限的几张图片，详细询问了几个具体问题。之前精心准备的内容，超过 80% 完全被忽略掉了。会上，领导连句客套话都没有。其实，这种事情早已司空见惯。

这就是在企业从事管理工作的现实。尽管如此，你要在高层面前充分利用一切机会，这一点极为关键。你所代表的是团队、同事、你的直接上司以及自己周边的那些人。在领导者物色提职人选时，这也是你留给他们的持久印象。

和其他事情一样，凡事总有例外。每一位领导者的个性不尽相同，在自己摸索并借鉴他人经验的基础上，我归纳了一些技巧，在这里分享给大家。

- **开门见山。**除非他们想先闲聊一阵子，否则，会议一开始就应该直奔主题："这次会议的目的是讨论……"还记得之前我们在本章讨论的有关语言精练的问题吗？几乎每个管理者第一次向上级汇报工作时都会犯同样的错误：他们谈得太多，用时又长，之后才谈及要点。这也难怪，紧张感以及要给领导留下深刻印象的想法纠结在一起，让汇报者分了心，影响了对主要问题的讨论。要尽量做到简洁明了，做好准备，随时回答领导提出的问题。切记，不要说得太多。
- **着眼全局。**细节虽然很重要，但谈话的头五分钟，别让人觉得不得要领。学会怎样汇报"经营活动摘要"，提炼核心信息。
- **充分准备**。对会上拟讨论的话题必须做好充分准备，其重要性不言而喻。要提前构想一下领导会提出哪些问题。在导师或有经验的人的帮助下，演练一下会议流程。"充分准备是医治恐惧的灵丹妙药。"准备材料时，要秉持客观态度，并展示自己的专业才华。
- **建立声望。**当上级想咨询某个特定领域的问题时，如果你在这方面已名声在外，他自然要找你，这是与上级建立起真正关系最有效的方法。对大多数首席执行官而言，要想管理好公司，他们就应该成为多面手。作为大家认可的最了解某一领域的人物，你将弥补上级相关知识的不足。
- **易于相处。**准时到会，做好与会的各项准备工作。力争做出比他人要求你做的更多的事情，做出更多承诺，完成更多工作［感谢詹姆斯·阿尔图谢（James Altucher）的这则忠告］。努力工作，善待他人，承诺的一定要兑现，你会惊讶地发现自己与孤独渐行渐远。

如何避免无效会议

身为管理者，会议在你的沟通交流、工作精力（但愿还有）以及工作成果中占了很大一块。最关键的问题是把会议开好，而远非会议的必要性及事后做补充。在深入探讨之前，我给你们讲讲我参加过的“最糟糕的会议”。之所以加了引号，因为我要讲的并非某个具体会议。（很遗憾）这种情况时有发生，我都懒得去计算次数了。

作为被邀请参加会议的人员，我提前 3 分钟进了会场，我是第一个出现在会议室的人。到了上午 9 点会议开始的时间，列入“必须”参会名单中的人，来到现场的还不及一半，直到 9 点 07 分，其余与会者才最终到齐。入座后，大家开始打招呼、闲聊，直到 9 点 12 分，召集会议的副总裁才进入会议室并落座。

“对不起，来晚了。我 8 点钟的会出了点差错，你们知道，吉米不注意按时结束会议。不说这些了，情况怎么样？”下面，人群窃窃私语。“好吧，今天谁主讲？你们把自己的电脑和电视屏幕连接起来，这样一来我们不就可以看你的 PPT 了吗？”作为会议主持者的副总裁说道。可问题是，会前没人发来会议议程，也没人知道谁是主讲，要说些什么。

随后，副总裁巧妙地调整了一下，“好吧，杰西卡，我看过你在其他会议上演示新产品的相关资料。你能在这里给我们演示一下吗？”杰西卡没法回绝，只能服从，“嗯，我想应该没问题。”7 分钟后，杰西卡开始演示（观众中多数人之前已经看过）。在此过程中，那位副总裁不时查看自己的手机并回复邮件和短信。突然，副总裁推开桌子并说道：“我得接个重要电话。”说着，他离开现场，时间长达21分钟之久。杰西卡努力为大家做着演示，演示到最后一部分的时候，副总裁返回会议室。“很好，这个演示对大家很有帮助吧？”对会议的描述，我虽然有点夸张，但我们都参加过这种会议。作为管理者，你有能力改变这一切，对自己主持的会议提前做好准备。

怎样顺利召开会议

如果决定召开一次会议，你现在要做的是把所有关键因素考虑周全。Y Combinator公司[①]的创始人保罗·格雷厄姆（Paul Graham）是一位具有传奇色彩的投资人，他写道：

> 管理者的工作日程是为老板们准备的，体现了一天的工作安排，每小时都有相应的工作内容……如果有临时安排，你就得调整每小时的工作计划。
>
> 如果你这样安排时间与某人会面，这仅是个简单的操作问题而已。你可以在日程表中找个空挡，把会面时间定下来。多数权威人士都遵循管理者日程表安排工作，也就是那份刚性日程表。

那些向你汇报的人，实际上都是做具体工作的。他们用的是“日常工作日程表”。“如果你在使用这种日程表，各种会议就不亚于一场灾难。一次会议能让整个下午的工作全泡汤。”格雷厄姆如是说。如果在下午插进一个会议，剩余的时间就会随之碎片化，什么大事也办不了。“这不仅让你要从一项工作切换至另一项工作，而且还会改变你的工作模式。”

---

① Y Combinator成立于2005年，是美国著名的创业孵化器，扶持初创企业并为其提供创业指南。——译者注

我并不是建议对会议进行限制或干脆取消会议。我要说的是，作为领导者，你需要与团队成员见面，必须在会前对一些基本问题了然于胸，做好周密的准备。

- **会议目的是什么？**这次会议真的有必要吗？难道仅是不爱动脑筋或者不受约束的惯性使然？
- **会议目标是什么？**要让会议取得成功，需要做出怎样的会议安排呢？
- **参会人员应是谁？**只邀请有关人员参加会议。
- **何时开会？**就像格雷厄姆指出的，这也许比大多数人想象的更重要。为了让会议顺利进行，可以安排在上午 8 点或者下午 4 点召开，这样可以尽量留足时间以保证会议的连续性。

不管在哪个领域工作，你都希望团队里全是干事的行家里手。无论他们销售产品或是做一个项目，你都要营造一个环境，尽可能为他们安排一个能连续工作的时间表（日程安排表），这样才能使他们处于最佳状态并最终获得成功。作为领导者，你要对最终结果负责。你要在职权范围内，尽全力为团队创造最佳工作环境，这就是你的工作。

遗憾的是，多数会议的召开并没经过深思熟虑的筹划。在整个团队日程安排中，太多的经理们只是简单地把每周一早上 10 点这段时间预留出来，因为他们以前的老板就是这么做的。尽管团队的会议都安排在每周的同一时间，但仍要到会议开始前 15 分钟才仓促拼凑议程安排，显得毫无章法。会议开始了（通常都不准时），经理漫不经心地做着自己的开场白（“嗨，你们周末过得好吗？”），会议中又东拉西扯，直到 11 点散会。而结果呢？什么问题也没解决。要打破这个怪圈且做得更好，就要让人知道所参加的会议很重要。如果没必要，就干脆不开。

关于如何召开一次富有成果的会议，我根据自己多年的经验总结出几条原则。凡是遵循的时候，效果就好；反之，则差强人意。

不得迟到。每一次都得做到，没有例外。领导为会议定下规矩，不准迟到。会议前 30 分钟不做其他安排（标注在日历上），以确保不会迟到（可适当多留出一点时间）。

准时开会。无论什么情况会议都要准时开始。不要说“再等几分钟，约翰和苏西到了就开会”。每次会议准时开始，与会者很快就认识到参加你的会议不能迟到。

明确议程。说到召开会议，我很喜欢畅销书作者卡梅伦·赫罗尔德（Cameron Herold）在其《糟糕的会议》（*Meetings Suck*）一书中提到的：“没议程，就没人参会。”会议前，先发一个详细的讨论提纲，提纲没必要太长。亚马逊创始人杰夫·贝索斯（Jeff Bezos）曾在会前给每位参会者发过一份长达六页的讨论文稿，满怀希望与会者能提前都读一下，但效果并不好。定出会议议程，不仅有助于明确会议主题，而且有助于与会者做好准备，同时还能确保会议准时召开，时间得到有效安排。

如果你不想为此事做准备，那就不如不做。如果连续召开会议而议程是相同的，其结果比没有议程更糟糕。这种情况会给团队传递出超出你意料的明确的信息，那就是你在用“自动驾驶仪行船”，一切都是程序性的，没什么新意。为了开一次有效果的会议就要做好准备，至少应提前一天下发会议的议程，以便与会者为参会做好准备。如果想让与会者提出有见地的意见，以便在会上做出决定，那你就得提前做好准备工作，让他们及时参与进来。我们要秉持这样的观点："减少会议的最好办法是在本次会议上把事情都定下来。"

倾听意见。通过会议，就重大问题问计于大家，是经理的一项工作内容。在会上，你要少说多听，倾听的时间要占到八成。这就意味着你来参会，不是要告诉员工做些什么，而是征求反馈意见并帮助他们找出解决方案。

明确职责。作为会议的一项成果，把你的期望清晰地传达给每一个人，确保每个人都知道自己的工作职责。开会的时候，要切记告知每个人的工作任务和具体安排。

邮件跟进。每次会议之后，以邮件的方式发送一份会议概要，内容包括工作步骤和责任人等。我是积极提倡这种做法的。你也许会问，难道这不花时间吗？我要说，是的，但却值得。当我还是一个普通员工时，这种做法会帮助我巩固会议内容，提示自己所承担的任务。作为领导者，准备这类邮件也会加深自己对工作节奏的印象。（我在制作《学习型领导秀》时也如法炮制。每段演播后，我都要做好相关记录，这有助于我更快回顾和牢记访谈的内容。）

准备会议概要邮件，有几项基本原则。仅向某个人发送会议纪要、文字记录等用处并不大。根据我的经验，人们通常不会去仔细阅读邮件。即使团队成员去读邮件，也仅仅是尽量弄清自己负责的那部分内容。为避免出现这类问题，我会在内容前面加注醒目标识，进一步明确谁负责哪些工作以及时效等要求。如果能额外添加点致谢之类的话以及个人的一些想法和建议，效果会更好。为了便于团队成员学到更多的东西，我还会在邮件中列出那些在会上提到的相关书籍和文章。做这类事情，仅安排助手去汇总一份电子邮件，效果往往不尽如人意，因为里面往往欠缺你的加工和声音。

也许你正在阅读这份邮件，心想这不会是在跟我们说笑吧？会议已经花了我太多时间，阅读它还得花更多时间。是的，但请记住，这样做的目的不是要压缩会议的时间（若你在之前确实认为有必要开这个会，就不会去压缩会议时间），而是要大幅提高会议效率。实现这一目标没有捷径可言，你作为领导者就得做点额外的工作。如果想开个会，你就要做准备，制定议程和行动方案，提出会议任务。最后，要确保每个人都知道计划安排以及各自需承担的责任。

把手提电脑放到一边。开会前，请把电脑留在你的办公桌上，不要带进会议室。使用电脑记下一份准确记录会议内容的文件备查，确有诸多好处，但情况并非完全如此。帕姆·米勒（Pam Mueller）和丹尼尔·奥普内梅尔（Daniel Oppnheimer）的研究表明，在纸上做记录的学生能学到更多的东西。米勒和奥普内梅尔做了三个实验，他们要求同一教室里的学生们做好笔记，其中一半学生使用手提电脑，另一半用手记，然后对他们在细节记忆、概念理解以及信息综合概括能力等方面进行测试。结果与其他研究一样，用手提电脑的学生记录的笔记更多，而用手记录的学生则拥有更强的概念理解能力，在材料的整合和应用方面也更强。

面前摆放着电子设备的人，往往不太注意别人的讲话内容。将手机屏幕朝下扣在桌子上，别人对你的信任度就会下降。相反，你要用传统方法做记录：拿出一只笔和一个纸质便笺薄，把手机放在兜里。此外，在与团队成员一对一交谈时，最好别让人看见你拿着手机。如果在交谈中你时不时瞄上几眼电脑，谈话的效果便差强人意。此时此刻，与你谈话的人应该是最重要的。你的成员需要有这种被尊重的感受，如果你想进行一次开放而坦诚的谈话，就要把这种感受传递给他们。从电脑前离开吧。我已养成一种习惯，就是在谈话时把自己的椅子挪到桌边，如此便可去掉隔在中间的障碍（桌子），从而营造一种更为开放的谈话环境。

作为召开会议的领导者，你要做好充分准备，目标要明确，亲临现场并积极参与其中。最后一个提示：在你的日程表中标注清楚，留出会前的 30 分钟，在此期间不安排其他会议。这样才能确保你准时到会，如需要，也有时间对日程进行微调。作为领导者，团队成员都在学习你确定的会议节奏，他们会在自己主持的会议上如法炮制。如果你的团队成员有人升职，开始带领自己的团队，他在主持会议时很可能会参照自己领导的方式，所以你要为他们树立一个良好的学习榜样。

主要观点

- 无论在口头还是在文字方面，都要掌握良好的沟通和表达艺术。
- 通过沟通构建人际关系、表达情感、分享观点，共同努力去完成那些靠自己无法独立完成的工作。
- 在沟通时，要善于发挥讲故事的能力。用讲故事来表达我们的所思所想，更容易让人记住。
- 善于倾听的人好比蹦床。倾听时，他们往往会反馈，放大你的想法，厘清你的思路。

- 坏消息不会随时间的推移而改变，虽然你有诸多顾虑，但还是要早点讲出来。
- 业绩优异者更希望获得反馈并找出问题症结。不要总想着自己的工作仅是指导业绩表现一般的员工。
- 不开无必要的例会，每次开会都要有明确的目的。为什么开这次会议？有必要吗？会议的目标是什么？谁应该参加？什么时候召开？要尽量将会议安排在上午8点或下午4点召开，以保证会议的连续性。

—行动建议—

- 写出你的经历。对职业生涯的重要转折点进行思考。把它们写出来有助于你更好理解那些难忘的经历，在与他人分享时，你会成为一个更好的传达者。
- 想出五个可能问及的问题，待你巡视工作时向团队成员提问。
- 思考接下来要召开的一次重要会议并制订出具体的会议计划。把日程提前发给与会者。牢记为什么开会、内容是什么、谁应该参加、会议时间和讨论要点等五个要素。
- 按时出席。会议准时开始，没有例外。人人都遵守规矩，学习你的表率，准时到会。
- 会议期间不看电话或电脑，把这些东西放远点。全神贯注以示对与会者的尊重。

- 安排时间与业绩优异者定期开会。给出直接明了的反馈意见，既要肯定成绩又要直面问题。

chapter

06

第6章 达标

> 我早就注意到，成就卓著者往往不会坐等事情发生，而是主动出击并因势利导。
>
> ——列奥纳多·达·芬奇（Leonardo da Vinci）

当举起手宣誓，开始步入领导岗位时，你正在做出选择（无论你是否意识到这一点），准备为团队的命运担负起责任。在对新西兰全黑队进行一段时间的深入采访之后，作家詹姆斯·克尔就领导者的作用问题向我谈了自己的看法。他认为，“领导就是对结果负责的人，无论结果怎么样。这其中涉及领导者本人对其职责、主人翁精神和承担责任的认知，无论计划实现与否，他都要对结果负责。我觉得，主人翁精神、责任意识以及直面困难的态度是最珍贵的品质。团队利益、信息联系和真正担责等问题是相互纠结的，而这些品质也同样交织其间。”

“对结果负责”，也许说起来挺简单，在领导者中间也是个耳熟能详的说辞，但这种“陈词滥调”并不意味着此话失之偏颇。简单的一句“我负有责任”或者不得不在他人（老板、客户董事会或投资者）面前接受质询，背后实际上蕴含着更多的意味。对团队业绩负责是领导者工作的一部分，同样，向团队讲清其中的原因也是领导者责任的一个方面。承受责难或接受奖励都来得简单和直接，但前者并非后者那般轻松（如果都很轻松，则推脱和逃避责任就不会成为如此普遍的领导问题）。这与对一个组织或者团队集体成果施加影响完全是两回事。作为领导者，他们面对的是比普通员工更艰难、更复杂的局面，这也是领导者工作鲜有做好的原因所在。

结果很重要

在职业生涯的早期，我曾遇到另外一家公司的一位高管，他有意聘我担任一个重要领导者职务。面试时，他对我说："我要找个在多个领域有过成功经验的多面手。我想要的这种领导者能在任何情况下都可以展现领导者技巧、意志力以及解决问题的愿望。"多少年过去了，我们见面的场景历历在目，他的话言犹在耳。虽然我没接受这份工作，但那次会面还是对我产生了长久的影响。

卓越领导者追求的是结果。如果教练带领的队伍输掉了太多比赛，他就得下岗，不管哪种比赛，这都是必然结果。商界的情况也是如此。如果一个领导者未能带领团队取得成果，他便无法再领导下去。尽管我坚定认为，聚焦于实现的过程有诸多裨益，但你的履历中要能反映出自己确实"斩获了某种结果"，这一点至关重要。

为什么会这样呢？组织需要不断发展，要实现营收目标，在不超预算的情况下按时完成项目，而且还要创造向前拓展的积极动力。让这一切成为现实，责任自然就落在领导者肩上。坦言自己在过去曾有过这些成就，很可能对你本次晋升十分关键；而你作为领导者正在做的一切，对你保住现有职位并把握下一步发展机遇至关重要。怎样去做呢？简单地讲，你要充分了解自己的角色，了解手中能对自己提供帮助的各种工具，借鉴自己和他人的经验，为改进工作和寻求发展做必要的调整。

你必须做的三件事

我第一次受到提拔，担任了经理，最初的打算是继续依托自身的长处做好工作。记得与父亲交谈时，我对他说："我是个富有激情的领导者。我会和他们分享自己对未来的构想并激励团队超越我们的目标。我现在不是普通一员了，我得找个人帮衬一下。"父亲毫不犹豫地打断了我的话，厉声道："别再这么说了，最好也别这么想。你现在是领导者，管理着一个团队，你必须成为'其中的一分子'并继续激励大家。你要领导、管理并指导他们。要想成为卓越领导者，就必须做到这三点。"

坦率地说，回过头来看自己当时的心态，的确有点让人汗颜。当时，我的头脑里有点那种想法，就是仅做一部分工作，自己也能当好领导者。当然，时间证明父亲的话是对的。一经担起对团队结果负责的重任，我就切实体会到，如果不想戴上需要领导者戴的"这三顶帽子"，你就没法充分担起这份沉甸甸的责任。

你也许会问自己，"领导、管理和指导这三者到底有什么不同呢？仅是语义学上的差别吗？"有不少人认为就是如此，其中就包括我很尊敬和钦佩的领导者汤姆·彼得斯。他曾说过："领导要承担巨大的责任，管理也是如此。但我的表述有点儿无聊，因为二者没什么区别。"尽管彼得斯有这种经验和看法，我在自己整个职业生涯中仍认为这三个词的内涵各不相同。无论你称呼自己"领导""经理"还是"教练"，当你对别人的表现担负起责任时，这三者往往相互重叠并交织在一起。所以，怀着对他的歉疚，我在本章对此进行了阐述。

领导

迈克尔·尤斯姆在文章中写道："具备战略视野，说话有说服力，所取得的成果实实在在，这时的领导力就处于最佳状态。"领导就要确定目标、进行指导和激励团队。换句话说，就是为人们展示一个愿景，让他们看到这幅宏大的蓝图，并制定出相应战略以完成手头上的各项任务。聚焦对目标的解读和宣传，建立团队，实现融合并寻求团队成员的支持。在此过程中，领导的作用表现在激励和放权两个方面，二者必具其一。彼得斯写道：

> 无论是一间只有6个人的会计室，还是一所小学、一家电脑工厂，乃至一个国家，我认为，有效的领导力都主要体现在领导者自身的活力、放权的意愿以及激发员工实现既定目标的能力上。
>
> 在生意场上，那些像下棋高手一般能看出后面五步棋局的顶级战略家，本身就是弥足珍贵的"商品"。然而，象棋大师只需想出战胜对手的步法，一旦做出决定，剩下的事儿就是腾挪棋子罢了。
>
> 这种情形并不适合任何一个组织的领导者。他必须激励自己的"车""马""炮"去工作，如果想每天都能有所斩获，使工作局面不断得到

改善，他就得在第二天重复这一激励策略。

成为一个好的领导者，意味着你要具备罗伯特·格林所说的“第三只眼”，也就是要有大局观，避免拘泥于一般策略的窠臼中。带领团队走向何方？卓越领导者对此要有强烈意识，要在宏观层面展示出战略眼光。格林在其《战争的 33 条战略》（*The 33 Strategies of War*）一书中这样写道：“现实生活中我们都是战术家而非战略家。我们深陷于所面对的冲突中，此时仅能想到如何获取那些应对眼前战斗之需。这时思考战略性问题很难，往往不合常理。你也许认为自己独具战略眼光，而实际上，它很可能仅处于战术层面。”战略家思考的问题并不限于某一次战斗，甚至不限于一系列战役。他们的着眼点通常放在长期游戏的剧本上，在此游戏中，很可能遭遇一次次失利，但最终仍能走向胜利。他们不会因敌军出现而投入战斗，而是在恰当的时间和地点才投入战斗。甚至到了那个时候，他们还会拷问自己：“有可能不战而屈人之兵吗？”

> 要具备唯有战略思维才能赋予的力量，你必须让自己凌驾于战场之上，专注于长期目标，精心谋划整体方案，摆脱那些因深陷具体战斗而产生的反应性思维。牢记总体目标，在此基础上决定何时战斗、何时撤离等问题，这样一来，就容易了许多。

从普通员工成长为领导者的过程中，最大的变化就是领导者要以一种更高的视野来思考各项业务活动。作为普通员工，你只需围绕自己思考，仅考虑个人的目标、行动和工作。如果升职了，一切也就变了，你开始思考公司的目标、任务、愿景和计划。如果你想更上一层楼，尽快思考这些问题是明智之举。我那时并没马上学到这些，但希望我已经这么做了。若要像远见卓识的战略家那样领导团队，你就必须开始这样思考问题。这意味着你要变换视角进行思考，从最高层面到最低层面，从一般到具体，也就是从使命—愿景—战略—策略的路径。

这就是一名具有战略思维的领导者脚下要走的路径。

使命。我们为什么要做这些事？我们的公司为什么存在？这个团队（目前我正在领导的）为什么存在？

愿景。我们正走向哪里？将使命与产品、服务或目标紧密联系在一起是终极目标。因此，这一目标在本质上要鼓舞人心，让人期待。

战略。这是一种规划性框架，用以指导我们如何为实现愿景中既定的目标而开展工作。

策略。为了计划执行，在个人层面必须做的各种细节安排。你具体要做哪些事，这些工作如何落实到具体细节中。为此，工作中要相互协作，领导者在制订计划时就应着眼放权问题，到计划出台时，每个人该做什么都清清楚楚。要确保所有问题都能得到答复，让全体成员了解计划，上下贯通，保持一致。所有策略都要量化并让个人在执行中发挥自主性。

进行战略思考并维持这一关注点有一套好系统，就是列出你每年的“五项”重点工作。有这样一个目录，你就可以仔细规划以便安排相应的时间和精力去完成这五项重点工作。下面是我带领销售团队时的一个例子。

- **员工及客户支持。**对团队成功最为关键的人（你的员工）和紧随其后的关键人（你的客户），你要更上心，给予特别关怀。如果能推出一个设计精良的运作系统，让那些美妙设想得以在实际中应用，那么，这些关爱并非多余。构建这一系统需要做很多工作。

- **保持团队人才多样化并使之处于最佳状态。**这项工作涉及招聘、培训和指导。
- **管理好关键的量化考核指标。**哪些行为能成就团队长期而持久的卓越表现？“量化指标管理”的关键在于，你要了解哪些指标最重要，找到相关的量化方法并让团队成员对执行结果负责。
- **开发新客户。**商场如人生，生存是为了发展，而发展则是为了更好地生存。公司要发展，就得不断开发新客户。
- **让现有客户满意。**让人意想不到的是，对企业而言，一些最大的发展机遇来自那些对其服务满意的现有客户。因此，发现这些机遇并进行转化非常关键。关注这些具有战略意义的对象，你能获得额外奖励，即在与客户的日常交往中收获许多真知灼见（而不是那些有关客户正在做些什么的报告）。无论是否参与销售，你都得安排部分时间亲临一线，多接触那些购买和使用你们产品的人。你要倾听他们的意见：为什么喜欢，有什么可改进的地方，等等。如此，你会得到真实评价，了解客户的真实感受。你会认识到，客户的肺腑之言会让你成为一个好领导，让你的公司在业内成为佼佼者。做推介的时候，实名引用客户真实的反馈意见，远比在屏幕上显示一串数字更有说服力，效果也更好。要讲好他们的故事并从中学到知识，那就到一线去吧，那样才能掌握第一手资料。

管理

优秀的管理就是在现行制度约束下统筹开展各项工作。管理包括行政管理和资源管理两个方面。资源总是有限的，所以进行有序管理尤其必要。如果时间和资金都无关紧要，每个工程可以无限制地投入资源，工程建设时间可以随需求任意延长而不需承担什么后果，那么经理这个岗位就毫无意义了，因为无需这样一个角色去做出什么决定。作为一名新入职的经理，你将面临各种资源捉襟见肘的局面，无论时间、预算或人力资源等，这一切比你预想的来得更快。你接受了这项工作，就得振作起来，就要鼓起勇气。恰恰是有诸多限制条件，你的新角色才有意义，这一切呼唤着你的到来。

作为一名新任经理，我享有一份工资和一笔预算补助（用于聘用并留住员工）。对此，我并没有讨价还价的余地，也没能力申请更多资金，预算就是这么安排的。作为一个一心想成为“超级明星”候选人的新任经理，要想去多争取点预算，我还真没那个本事。所以，我只能在现有条件下想办法解决问题。作为一名中层管理者，这就是你工作的一部分。

无独有偶，你在率领团队实现自己所承诺的目标过程中，同样会遇到这类问题。无论团队被赋予什么目标，如收入增长、客户开发、产品投放、客户服务或项目进度等，在冲击目标的过程中，你几乎总会感受到相同的境况：先制定出目标并通知你且不容置疑，而这些目标充满了挑战性且面临诸多约束。

说到团队年度销售目标的确定，即便我觉得不合理（不管哪个行业，销售经理们都在抱怨），那也无济于事。目标就是目标，不管有多么不合理，你的工作就是带领团队完成目标。我牢记着妈妈的忠告，她曾不时告诫我："别老忧心于自己无法控制的事情，你只需关注那些你能发挥影响的事情。"

资源约束呼唤着创造力。如果在某件事情上没有条件投入更多资金或人力，你就要知进退，先弄清自己正试图解决什么问题，然后换一种方式去实现目标。我经常向不同业务部门申请点额外资金，用于开展所谓的"特别竞赛"，或以其他方式鼓励团队并激发大伙儿的工作热情。我这个部门所涉足的商业领域，市场规模高达数十亿美元，我的团队所占的份额却微不足道。但员工努力工作并超额完成任务时，我就要想方设法向他们展示自己的关爱，用颁发奖品等物质奖励方式回馈大家。我觉得那就是我的工作。但是，每次申领额外经费时并不能事事如愿。遇到这种情况，我就得想别的办法了。

我常给自己的上级发邮件，请他们帮忙给我团队的某个成员发个邮件，表彰他"干得漂亮"，如"嗨，詹姆斯，我从瑞安那儿听说你干得漂亮，四月份超额完成百分之八十九的任务量？！哇，祝贺你，感谢你的努力！"有时候，我会替他们代拟这份邮件，因为我知道，领导们都很忙，不想在繁忙的工作中再添别的事。领导们总是乐意帮忙，尤其在我把事情安排好，让领导有里有面，做起来更容易的时候。这是个不错的交易，我把邮件发给领导们，他们复制并添加该员工邮箱地址后，点击鼠标发出，整个过程也就几秒钟的事。

这些小细节看似不起眼，却很重要，能带来不一样的效果。我们努力工作并出色完成任务的时候，都想感受到关爱，得到人们的认可。这时，作为经理，你的责任就是让他们切实感受到这种关爱，即便条件有限，你也得想办法做到。

卓越领导者必须学会利用的另一种资源，是组织机构本身及其伙伴网络。与业内其他领导者结成联盟，就有关想法或倡议达成共识，这是你身为经理人要关注的一个重要方面。有些领导者与你的工作不相干，培养与他们的关系，对于你日后某一时刻发挥领导者作用而言，也许是一种必要的资源储备。你不能只在有求于人的时候才去找他们，否则很可能会造成一种恶性循环：如果落个无事不登三宝殿的名声，别人便不愿帮你的忙；相反，如果提前投入时间和精力，努力和别人建立真挚的情感，当你需要帮助和支持的时候，别人大多愿意帮忙。提前建立关系，不带某种具体目的，届时你会对自己收获的慷慨之举惊讶不已。

对有限资源进行管理仅是经理人要关注的一个方面。另一个在现实中普遍存在的老生常谈的话题——应变管理，已陆续进入经理人的视野中。市场竞争激烈，形势瞬息万变，因此，公司的内部管理方式也在不断变化。作为团队领导者，你的成员在变化万千的形势面前，要么从容应对，要么无所适从，这取决于你如何把握航向。如果你处理得当，通过应变管理把稳航舵，你的这个团队就能劈波斩浪，行稳致远。

改变往往会遭遇各种阻力，主要原因是变革往往会带来不确定性，没人愿意和不确定性打交道。领导对下一步发展方向是否已经了然于胸并且早有预案？如果人们对此缺乏信心，则变革就很难顺利推进，也无法产生良好效果。《首先打破所有规则》一书的作者马库斯·白金汉曾说过，正是由于领导减少了不确定性，人们才愿意追随他：“你追随某些人，那是因为他们让你对未来充满信心。‘我要搭上你的便车’。在人们心目中，未来往往充满不确定性，总让人提心吊胆。卓越领导者会找到办法增强确定性，让未知世界不再那么可怕。”

有一种方法能助力团队成功应对变革，那就是让大家把注意力放在那些没改变的事情上。有不少领导者在试图进行变革时，总强调现状的诸多弊端，将其与新举措带来的好处进行对比。《哈佛商业评论》推出的应变管理研究表明，这些看似合理的做法，实际上很可能达不到预期效果：

> 引领变革，就要列举现状的诸多弊端并强调变革带来的好处。这种说辞通常预示着下一步变革具有很大的广度和深度，往往会加剧人们的担忧。实际上，要想对变革进行卓有成效的引导，就必须强化连续性——尽管变化和不确定性即将来临，作为一个组织，领导者在事关“我们是谁”这个核心内容上，必须加以维护。

换句话说，经营方式和战略可能不断演化，但我们作为团队这一事实不会改变。企业领导者都接受过变革的洗礼，他们在未来的道路上还会栉风沐雨，经历新的变革考验。生意场上，唯一不变的就是变化本身。相较而言，卓越领导者往往未雨绸缪，他们期待着改变的到来。当这一时刻来临时，他们懂得如何与成员互动，把团队身负的使命晓喻每名成员，使之深入人心。要防患于未然，有意识传递这样的信息，即团队在应对变化过程中将强化政策的延续性，从而消弭部分成员心中的抵触情绪。

引领变革的先驱者之一、畅销书作家、哈佛大学的约翰·科特（John Kotter）教授为了指导机构顺利度过变革期，在其《变革》（*Leading Change*）一书中，提出一套流程，里面共分八个阶段。我自己在带领团队过程中，曾反复参考和应用。

- 营造紧迫感；
- 建立指导同盟；
- 描绘愿景，制定战略；
- 就变革愿景进行沟通；
- 授权员工在更大范围内采取行动；
- 力争短期内见效；
- 巩固成果，推出更多变革措施；
- 把新理念融入组织文化。

关于此流程，请看下面的例子：“这事 60 天内就要施行，我们得提前动手，尽早应用，率先垂范其他部门。”作为领导者，你必须将变革措施、实施时间及相关细节公之于众，从而营造一种紧迫感。接下来，你还要在团队领导层选定人员，组成指导同盟。这些人不同于团队中的其他人，往往都是那些能充分认识变革的常态性，并将此变革视为一种契机的人。在前途未卜和种种不确定性面前，众人不免忧心忡忡，而这些团队骨干却选择引领前进的道路，他们就是指导同盟的中坚力量。

你必须运用好自己的沟通能力，讲好变革故事，为员工展现一幅简洁、清晰、难忘而又富有意义的愿景。为了在员工中产生积极影响和共鸣，就要进行有效的沟通。要给大家充分自由，相信他们能做出选择。此时，如果你站在员工的肩膀上指手画脚，是不合时宜的。员工们既已做出决定，就会为争取良好结果做出更多努力。要突出和宣扬那些积极响应者，设法庆祝并与大家分享哪怕是一丁点儿的胜利；要让人们特别是那些仍持怀疑态度的员工认识到，这些胜利的取得对团队具有重要意义。最后，要把这一切融入新的行为规范和团队期望之中。

美国国家航天局阿波罗 11 号和 13 号航天任务飞行主管吉恩·克兰兹（Gene Kranz）曾说过："对优异表现的期待是你与自己的伙伴一起实现这一目标的前提。你的高标准、严要求和乐观预期虽不能确保一切顺利，但没有这些，结果肯定会走向反面。"你对变革的期待及围绕着上述变革的沟通努力也是如此。这种"新"方法自然就成了"常规"方法，要将其形成文件，与人共享，多方宣传，照着去做。

指导

如果说，领导工作是围绕战略愿景展开的，管理工作是围绕着行政和人事管理展开的，那么指导工作则是围绕启发和教育展开的。教练下达指令，目的并非教育或告知，而是为了提高。对团队管理者而言，这种指导有两种类型——工作性指导（职业发展指导）和开发性指导（个人发展指导）。

工作性指导

最佳的工作性指导往往发生在工作任务即将实施的那一刻。这些在微观层面密集进行的指导往往来得更直接、更规律，应该每天都进行。帮助你的团队稍加调整，整体工作水准就能提升，不需把大量的整块时间花在培训上。换句话说，无论提前是否做了计划，这些时间在上级领导眼里都不是什么重要的时段。指导工作能提升人们的专业技能，只有那些有才能者方能胜任。因此，作为团队的主要指导（教练），你最好知道自己几斤几两。

一开始，我曾带领一个销售团队，客户主要为律师执业者；后来我又去带领另一个团队，这次的客户是临床医生。两种销售涉及的行业和产品差异巨大，在此过程中，我的经历颇为尴尬。我必须花大量时间了解新行业，相关用语对我而言就如同一门外语。虽然得花时间学习，但这并不意味着我在学会之前就可以回避充当微观指导的角色。尽管意识到行业知识不足并努力学习以尽快缩小差距，但我仍在未知领域不时进行着微观层面的指导，如B2B销售业务中进行沟通的基本技能（如何开始一次会议、跟进已提过的问题、如何就某一建议构思一份电子信函，确定下一次会谈的方法等）。这些技巧性内容所占的分量不亚于对那些核心技能的指导。

开发性指导

对员工个人的开发性指导，要立足长远。在这种指导模式下，你的目标是让他们在工作上超越自己并逐渐成长起来。这就需要与他们单独坐下来，谈谈心，就他们自己的职业抱负进行深入交流；或者，根据他们的需求和能力，与其分享有关自我提升方面的图书、播客或其他工具。这种交流对于营造一种员工积极展示最佳工作业绩的文化氛围极为重要。如果员工们知道领导心里装着他们的长远利益，同时又致力于在短期内帮助他们提高业绩，干劲自然会大幅提升。事实上，如果认同这种理念，即领导者应开展上述两类指导工作，你会惊喜地发现，员工的表现将提升到一个新水平。

这就要求你心甘情愿地去做那些必要的艰苦工作，以后还要做得比绝大多数人更出色。这也意味着，你要用有效方式，努力了解每一位直接向你汇报工作的人：他们都是些什么样的人？工作之外，有什么爱好？积极性源自何方？为什么出来工作？配偶和子女的名字叫什么？长期来看，你能给他们提供什么帮助？你怎样为他们的职业发展及下一阶段工作提供帮助？怎样帮助他们升迁？怎样促进他们手头正在推进的项目？你能提出什么具体意见帮他们提高工作水平？对上述问题的回答，事关你能否切实履行好指导之责。如果不能深入了解员工及其工作状况，你就无法回答这些问题。

不管你相信与否，在组织内，或许有人不支持你用这种方式领导团队，这类人中甚至可能包括你的老板。我就曾有过这种经历。对我花费许多时间用于员工的开发性指导，我的老板就不以为然，他在意的是短期效果，认为我关心员工长期表现并把时间和精力用在这些方面，脱离了实现短期效果的目标。领导者的工作就是帮助团队成员收获长期成功，而“自己的成功则建立在团队成功的基础之上”，如果你和我一样对这种理念深信不疑，那么，你就得制订计划以应对来自其他方面的各种阻力。如果你帮助的人被提拔到新岗位，离开团队时带走了这些成果，你该怎么办？这种情况是比较典型的。是的，这时你不得不面对那个一门心思盯着业务指标的老板。我扪心自问：难道你不想当一个助人进步和成长的好老板吗？作为老板，落个愿意助人为乐的名声是件值得骄傲的事，它远胜于眼前成就，更将助你行稳致远。

你为什么会赢

出了问题，领导者们通常要做的事就是“找到问题的根源”。如果工作不及预期，我们就要问个为什么？为此，在持续几天的高层会议上，成员们聚在一起，抽丝剥茧，分析原因。这样做固然很好，然而，经理们总是这样行事就恰好忽略了一个问题：你为什么会成功？在别人取得某种程度的成功之后，这是我向他们首先提出的几个问题之一。

对失败原因进行分析很有意义，应该这样去做。然而，据我观察，成功之后，人们往往不去运用某种形式对成果进行回顾和总结。其实这很好理解：成功了，人们都忙着庆贺并准备迎接下一个挑战，谁还有心思静下心来，深入分析之前的工作呢？超额完成任务、实现了目标，这恰是你应该暂时停下手头的事情，反思并厘清为什么工作得以顺利开展的时机。也许你只是运气不错，但也可能不是。作为领导者，关键在于你要知道哪一个是正确答案，明白为什么有些因素发挥了作用。你想去复制，但你无法复制那些自己还没真正搞明白的事。在与迈克尔·隆巴尔迪交流的时候，他给我讲述了一段与新英格兰爱国者队主教练比尔·贝利奇科（Bill Belichick）共事时的一段往事。多数人认为，贝利奇科是有史以来美国职业橄榄球领域最出色的教练，他曾带领球队获得了六届超级碗比赛冠军。隆巴尔迪说："贝利奇科教练总想知道为什么。一次重大胜利之后，我们做了大量分析，比我以往经历过的都多。我们深入研究每场比赛的细节，以便弄清我们为什么会赢，怎样才能做得更好。这就是他得以收获这么多胜利的原因。"

在这里，我给大家提供一些实用建议。

每天记日记。了解自己在一年中那些特定时刻的感受以及做出相关决定的原因，对你很好地理解某些因素在其中发挥作用具有重大意义。德里克·西韦尔斯（Derek Sivers）是数字音乐平台 CD Baby 的创始人，也是一位企业家和作家，他坚信，经常翻阅日记很重要。他说：

> 生活中，我们经常基于对未来的感知或者自己的期许做出某些重大决

定。过去的自我是你在类似情形下实际感受的指针，查阅日记能帮助你精准呈现一幅自己过去的画面。你不能指望遥远的记忆，但你大可信赖自己的日记，它是你了解未来现实生活中那个自我的最佳指针……如果你感觉自己没时间或提不起兴趣，请记住：你正在做的一切是为了将来的自己。

在自己的职业生涯中，你会感念自己记录下的那些成功之前的点点滴滴。你怎么想的？从队友身上学到了什么？无论给你带来的是正面的还是负面的影响，老板都说了些什么、做了些什么，把它们都记录下来。你正在连接这些节点，有朝一日，你可以回望过去并勾勒出一幅自己如何获得成功的精彩画面。

留存的这些日记对延续自己洞见未来的智慧也不失为一种神奇工具。威尔·圭达拉（Will Guidara）是曾荣获大奖的纽约麦迪逊公园 11 号餐厅的老板，他为我们讲述了自己年轻时父亲给他的极具价值的忠告："当餐馆勤杂工的时候，你就想勤杂工的事情；当了服务员，就再也不想勤杂工的事情了；当了经理，就别从服务员的角度考虑问题了。父亲总让我写日记，如此，我就会成为最善解人意的领导者，因为我能经常翻看以前的笔记，从中吸取经验教训，能更好地与手下进行互动。"

与团队成员交流。切记别等出了问题才找团队成员深入交流。分析一下这一年来斩获良好业绩的原因，总结团队的管理和营销骨干们都有哪些共性特点。他们整天在忙着做什么？带着一份好奇心和求知欲，接近每名成员，深入了解他们各自的业务情况。

当初在管理内销团队的时候，我会邀请公司领导者与团队中的专业销售人员座谈，观看并听取他们关于自己如何开展业务的情况介绍。团队中有个很特殊的销售人员，他是整个业务部门在营销策划和管理方面的骨干。有位领导与他谈了一个多小时，随后，我问这位领导："你学到了点什么？"他回答道："这个年轻人精通业务，讲得也好，让人敬佩。他自己建立了一套系统，能快速完成各项管理任务（电子邮件、建议书、联系名单等）。这样一来，他会比别人联系更多的潜在客户。他手头还有一套完善的跟踪系统，这样就不会出什么疏漏，他的业务出类拔萃。"

相互学习，与业绩优异者座谈，往往给员工和其他人员带来持久的影响。首先，这些做法对公司其他人员有所帮助；其次，也突出了我们团队中的最佳员工，让人知道他不仅业绩优异，而且其首创的方法也惠及了他人。因自己的努力成就了公司其他同事的成功，该员工自然对自己的业绩倍感自豪。这种叠加效果对他今后的职业发展之路具有长期的积极影响。

和骨干谈心。如果你愿意请教，自然会分享到许多大智慧。我在《学习型领导秀》中，除定期录制与各界精英（大企业首席执行官、企业家、海豹突击队员、职业运动员、教练、畅销书作家等）的访谈之外，还定期通过电邮的方式采访其他令我尊崇的人士。此外，我还养成一种习惯，就是向那些给别人以积极影响的人士（如你喜欢的老板、家长或你所在社区的领导等）请教，坐在一起并把他们深思熟虑后的回答记录下来。通常，接受这种方式访谈的人还要感谢我，因为我的提问"迫使"他们在回答前要进行深入思考。在我最重要的收获中，有些就来自这种经常性的请教。

由于我从这种实践活动中受益匪浅，所以在我的学习型领导圈里以及线上课堂——"学习型领导学院"上，我都要求大家参与其中。从他们反馈的情况来看，证明我的成功经验并非个例。下面这段话是其中一名参与者和我交流时的感受：“我刚收到她的回复，一直以来，她都是我最喜欢的老板。她的回答简直令人难以置信！我给她打了个电话，然后我们见了面。我们之间已经有 10 年没见面了，这次实践活动让我们再次建立了联系。谢谢你！”置身这项实践，向他人请教其所思所想，竟能有如此多的收获。当你能主导自己的学习时，你就会与过去的朋友、同事及良师益友重新建立起联系。我敢保证，在你的运行架构中，如果能始终愿意向他人请教，你肯定不会后悔。如果你们开始这样做了，那么我很想听到你们的进展情况。

培训

销售培训师及主旨演讲人菲尔·琼斯（Phil Jones）曾问我：“在‘好’‘更好’和‘最好’三者中，你选择哪个？”我不假思索地回答：“最好！”琼斯说，实际上这就是世上几乎所有人都在犯的错误。你已经超越了你之前自称的最好情况，这就有点像我们自欺欺人地说“我尽了最大努力”一样。但如果真诚地审视自己的内心，你就会发现自己其实能做得更好。我们应该把注意力放在如何持续地做得更好上面，而不是如何做得最好。我们认识到，最佳的理想状态可遇不可求，所以才会孜孜不倦地追求，而实践和培训则是体现这一追求的具体行动。

罗恩·厄勒里（Ron Ullery）教练的训练要求较之真实比赛更严苛，我从中受益良多。我们不断练习着那些看似无休无止的重复性动作，以求完善各种动作细节和基本技能。面对比赛对手时，除了更好的身心状态，我们还练就了令人惊异的肌肉记忆，比赛时，各种动作近乎自动完成。传奇教练比尔·沃尔什认为，在充满压力的环境中，精通基本要领是获胜的最佳战略："在一场超级碗的巅峰对决中，我甚至不会制定很多战略，因为在极端压力下，我会把宝押在基本技能上。"

作为经理，我想把自己的培训课堂办成一种比学员实际推销活动更具挑战性的场所。培训活动应该是你每周计划安排的一部分，有些活动要由你（领导者）来领导，有些则由其他成员领导。在演练过程中，设计一些具有挑战性的环境，以催生一种更"自动"的反应能力，从而在实战中驾轻就熟。新西兰全黑队很推崇希腊语中的 automatus 一词（意为"自主思考"），这也是他们训练和实战策略的重要组成部分。做好充分准备，注重本能养成，比赛时就不必在现场思考应对策略。专业速降滑雪运动员在冲下山之前有个"调整雪板边"的动作，细节虽小却很重要，每天都得训练。

要营造一种环境，让训练（或实践）根植于团队文化之中，作为团队领导者，这份责任就落在了你的肩上。第 300 期播客安排的嘉宾是我父亲，他谈了一些看法，很切合这个话题：

> 你可能身处职业之巅，但每天仍要在业务细节上下功夫，这一点极为重要。如果你不能从中有所收获，就无法去实现自己的目标。有一次，我去日本，其间曾到访一间销售办公室。在那儿，我看见办公室里所有销售人员都在一遍遍地为行将到来的会面进行演练，比如怎样说话、被拒绝该怎样应对等。我想，**干工作，就得这样。**

有时候，为了保证团队接受适当训练，就得另请外人参与讲授。如果需要某一方面专家帮助提升团队水平，你有责任找到最佳人选并邀请他为团队授课。如果有新产品推出，对该产品的更多了解将有利于团队开展业务，那么就应该邀请产品的主要设计人员来做演示，然后与团队成员交流学习心得。要开发一套流程，让大家掌握所学内容，提炼精髓并进行清晰和简洁的解读。要营造一种常态化学习环境，让培训和学习成为团队这一有机体的组成部分。

世界级举重运动员及“幸福身体计划”的开创者耶日·格雷戈雷克（Jerzy Gregorek）喜欢说的一句话是：“艰难的选择，轻松的生活；轻松的选择，艰难的生活。”作为领导者，建立和开展常规性培训要困难得多，你很可能会面对团队成员的抵制。不过，这都没什么，事情总是先难后易，这有点类似海豹突击队传奇人物理查德·马尔钦科（Richard Marcinko）曾说过的一句名言：“平时多流汗，战时少流血。”“我还得去工作，没时间训练”这话说起来容易得多（但目光短浅），也是大多数人的口头禅，然而他们却错失了取得更优异成绩的良机。想让团队收获成功，就要进行这种长期游戏：训练，训练，再训练，然后是实践，实践，再实践。

放飞谦逊的自我

《极简》（*The More of Less*）一书的作者乔舒亚·贝克尔（Joshua Becker）曾写道：

> 谦逊赋予践行者以巨大力量，使之摆脱给别人留下深刻印象、一贯正确和争强好胜等思维定式的羁绊。挫折和失败对谦逊者的影响要小得多，而且

他会满怀自信，抓住机会，成长、提高，并拒绝各种社会标签。谦逊为人们带来满足、耐心、宽容和关爱。

聚焦这些常常为人不屑的话题，令我们收获良多。这时，开始走进我们视野的是谦逊，而我选择用此结束本章的讨论。

人们常说："谦逊并不是小看自己，而是较少考虑自己。"如此，你便能摆脱对自我的种种顾虑，放手干事并协助他人开展工作。你的职责就是帮助他人成功，在行使领导责任过程中，如果能秉持这种服务意识，你将获得巨大的力量。如果你一开始就能认识到这一点，就是一个良好开端。布赖恩·科佩尔曼（Brian Koppelman）对我说："战斗就是承认自己的现状并努力提升自己，不轻言放弃。通过持续努力，力争让自己成为那个也许永远无法企及的完美自我。同时，你还要坦诚接受自己的弱点和错误。"

我花了不少时间才学到这些经验，其间得到不少人的帮助，自己也成熟了许多。作为身负繁重业务、不时拨打临时电话进行推销的新手，我最关心的就是荣登公司的每周业绩排行榜，并力争保住第一的位置。作为经常高居榜首并对这一状态习以为常的人，让你接手在排行榜垫底的团队，多少有点没面子（有时还会感觉受到羞辱）。我的名字猛然间和一支只能完成销售计划 77% 的团队绑在一起。我无可奈何地说："咳，我刚接手，那些人不是我雇来的。"或"我们还需要一点时间才能回到正轨。"但没人想听你的解释。虽然说的都是实情，但从担任经理的那一刻起，我就得对团队的结果负责。

无论面临哪些新挑战，你绝不能因为不满意当前的结果，就把自己和团队分割开来。说这话的时候，请你们相信我：要避免出现这类情况，最好的办法是在精神层面将谦恭之心置于领导“软件”的核心位置。虽然不针对自己，但当你秉持这种心态的时候，你就不会为面子而不去作为；反之，你将放下身段，面对现实，通过拨乱反正助力团队实现超越。我敦促大家在各自职业生涯中尽早掌握这些理念，不要重蹈我当初的覆辙，这会使你（和你的团队）受益匪浅。布伦特·毕肖尔这位投资公司首席执行官曾对我说，要秉持服务他人而非享受服务的理念，并以此看待人生。“不图回报，付出得越多，生活就越好。但就我和许多其他人而言，这都与自己的直觉和文化传统相去甚远”。

达斯汀·金是我最喜欢的老板之一（给我留下的印象尤为深刻）。我曾问她为什么愿意对别人说“我不知道”并袒露自己的担忧和弱点（那时我是个经理，团队每名成员都是那个层次或略胜一筹）。她的回答是：

> 对我来说，这是一种与生俱来的本能。说完这些，我一时间仿佛变成一个更高层的总经理并质疑自己的这种本能。如果不能指出清晰的路径，不能回答大多数的疑问，真不知道成员们是否会尊重我。纠结中，我意识到这种担心有点多余，原因是：
>
> 1. 我这人不善逢场作戏，无法佯装知道所有问题的答案。
>
> 2. 如果这样下去，自己会徒增许多压力。我是个严于律己的人，很容易因此陷入那种遭遇连续挫败的沮丧之中。
>
> 3. 最重要的是，我认识到，在应对挑战的最佳方案中，有些很可能来自团队（既有直接向我汇报的成员，也包括那些每天在一线和客户打交道的员工）。
>
> 此外，我深知，在确定团队发展道路的过程中，如果大家感到自己也参

与其中，自然会支持这条道路，并积极参与其中。一开始，当着这么多人，坦露自己的一切，确实让人提心吊胆（面对需要你引领和激励的众人，聚光灯照在自己身上的时候）。一旦你开始尝试，走出第一步，随之而来的正向反馈表明，我选择的是一条正确道路。

达斯汀从未使用过“谦逊”这个字眼，但这恰恰是秉持谦逊原则开展领导工作的应有态度。

对上级施加影响

如果你汇报的对象并非达斯汀那种谦逊的领导者，你会怎么办？《学习型领导秀》有一位听众曾给我发过一份邮件，就颇为典型。邮件是这样说的：“瑞安先生，我很注重自我提升和职业发展，为此，我读了很多书，浏览 TED 的论坛，观看你的播客，力争学到更多东西并提升自己。然而，我的老板（们）并没像我那样，对这些事情流露出任何好奇，他们自以为对这一切了然于胸。我发现，虽然他们都是些品行端正的人，但对此完全不理解……我该怎么办？”

应对自己的上级（以及自己上级的上级）是一项艰巨的挑战，其中的技巧可以逐步加以提高。如果你选择在一家机构工作，有自己的上级，请记住，你的职责之一是让领导们工作得轻松、惬意。无论你与他们在企业发展或其他方面有什么不同看法，如还想在这个公司待下去（或继续在此上级手下工作），你就得集中精力做好两件事：（1）为自己领导下的员工们做好服务;(2)帮助自己的上级取得成功。

一般情况下，判断上级或首席执行官是否称职并非什么难事，我们都有过这种体验。从我们的角度看，如果自己坐在那个位置上，有些事就得去做。但问题就在这儿，我们仅从自己而非他们的角度看问题。如果你对情况缺乏全面了解，不要急于对别人做出判断，应谨慎从事。人非完人，每个人都有自己的局限性。

对于我们认为身上有欠缺的领导者，我们最需要了解和解读的一个方面是他们的指导思想。他们有积极进取的想法吗？想做点正事吗？如果他们有这些良好的愿望，那么出现一些欠缺，很可能是他们在领导过程中受制于相关知识、技能或经验的不足。如果是这样，我们可以有所作为，帮助提供一些思路。我们可以仔细斟酌，找合适机会“指导上级”。比如，上级的某些做法给我们和他人带来问题时，我们可以和他谈谈自己的感受（很可能你不是唯一感受到这种无效领导的人）。简言之，对好心办坏事的人，我们可以找到与其共事的途径，原因在于，这类人愿意接受开诚布公的建设性反馈意见。2019 年度全美大学篮球联盟（NCAA）四强赛期间，进入名人堂的著名教练约翰·卡利帕里（John Calipari）对我说过，“你也许会与好人做一笔失败的交易，但绝不可能与一个坏人做一笔成功的交易”。

反之，如果该领导者任性而为，不顾忌其所作所为对你或你的团队造成一定的影响，你这时就得做出艰难决定。你得着眼长远，适时在现有机构之外寻求新的职业发展机会。要用心研究形势以及你所关注的领导者。你最终必须确定这位领导者的真实情况，然后做出决定：要么留下来并提供指导性意见，如实反馈，要么准备好履历，开始寻找更适合自己的新机构。这个决心不好下，因为你不想在仓促间做出错误的决定。

记住关键的一点：你不能在自己的团队面前流露对上司的失望和不满情绪。作为领导者，我们有责任让自己的团队沐浴在乐观和富有激情的氛围中，不能当着员工的面，简单地把什么事都推到老板身上，这样做无助于他们做最好的自我，相反，只会拖累他们像你一样，坠入充满挫败感的谷底。

对上级进行指导或施加影响的最佳途径之一是，为你的团队营造和培养自己所期望的那种文化和气质，并在此基础上收获成功，欣慰地看着这一切不断发扬光大。通过这些成果展示，让谦逊的领导风格、开创性的管理理念和努力进行指导的作风深入人心。上述文化和气质肇始于团队内部，逐渐向外辐射，这个过程不可能一蹴而就，需要来自团队优秀业绩的支撑。很快，公司其他团队自然会询问你们是怎么做的、做了些什么、为什么这样做、他们该怎样去做，等等。假以时日，团队的优异业绩甚至能让持怀疑态度最甚的老板们转变态度，接受你们的理念。

主要观点

- 领导团队必须对团队进行引领、管理和指导。
- 无论结果如何，领导都要对团队的结果负责。
- 领导要提出团队目标、方向并进行指引。领导要有洞察力和宽广的视野，并制定出实现目标的战略。
- 管理就是在现有制度约束（如资金、人员和体制等）内开展工作。
- 应对变化是一项常规任务。能够降低不确定性，这种领导值得追随。

- 指导就是开发式教学，就是为提升能力而进行的辅导。指导要着眼于提升业绩和业务发展。
- 作为领导者，你的成功取决于团队的成功。
- 谦逊不是自轻，而是不要总是考虑自己。它能让你脱离给人留下深刻印象、一贯正确、好为人先等思维定式的羁绊。
- 秉持服务的理念开展领导工作。你的工作就是帮助他人取得成功。

—行动建议—

- 列出年度五项重点工作，进而得以优化自己的时间和工作安排。
- 详细列出业务中必须“应对”的主要制约因素。
- 每个项目完成后，进行归纳和总结。总结成功经验的重要意义不亚于从失败中吸取教训。无论成功与否，你都要弄清其中的原委。
- 回顾对你最有帮助的指导建议，详细列出其中最有价值的成分。

结 语

WELCOME TO MANAGEMENT

“arete”一词指的是“卓越”或“道德高洁”之意。在古希腊语中，该词是实现指标、使命或发挥个人全部潜能的行为。

谈及如何开展领导工作时，卡莉·费奥里娜（Carly Fiorina）对我说：“卓越领导者重在解决问题。要直面问题并努力加以解决。别老盘算着怎么升职，要把精力放在如何做好手头工作上，这样晋升的大门自然会打开。你要在乐观与现实之间找到平衡，必须认清现实。重要的是，你要相信事情会变得更好（乐观），但也要心明眼亮，秉持现实主义态度。要坦诚，实事求是，在此基础上采取行动。”正是在这种理念指引下，卡莉从一个涉世不深的新员工，逐步成长为科技领军企业惠普公司的首席执行官（入选《财富》50强公司的首位女首席执行官），并作为候选人参加了2016年美国总统竞选。

上面这段叙述很好地阐释了领导者的基本特质，这为本书奠定了基础。领导者——值得追随的人，他们始终以一颗坦诚之心看待自己、团队以及面对的各种挑战；不断提醒自己，随时留意团队中存在的差异、短板和盲点。他们尊重现实，但并不任由命运摆布；相反，他们努力工作，消弭差异，补齐短板，照亮盲点。在此过程中，他们心中秉持的信念是，如果自己能遵循这些原则，谦逊好学，并鼓励他人同样去做，则个人和团队的发展不仅可能，而且势不可挡。如此开展领导工作，并非沽名钓誉，而是运用职务赋予的权力，清理遍布荆棘的道路，如此，其他人就能摆脱各种羁绊，追求自己的成功。作为领导者，如果你带领一个团队走向成功并目睹成员在自己帮助下收获了成功，那么你心中的成就感便油然而生，这种感受独一无二，透着一种发自内心的喜悦，甘甜而纯洁。

担任经理的第一周，珍妮弗走进我的办公室并颠覆了我之前对经理这一角色的概念，这一幕已经过去 5 年了。那一年的 2 月，公司举行全国销售会议，所有销售团队管理层齐聚得克萨斯州的达拉斯。最后一个晚上的安排是“杰出贡献奖”的颁奖晚宴。这一年是我们团队业绩辉煌的一年，晚上的庆祝活动将会议气氛推向了高潮。自己的团队是否能斩获殊荣，我们翘首以盼。不管怎样，初步的数字显示，我们团队还是很有希望的。

晚宴一结束，现场音乐响起，灯光闪烁，开始宣布超额完成任务并获得“杰出贡献奖”的业务员和销售团队名单了。念到我名字时，围坐在桌旁的成员们立即欢呼起来，大家热烈拥抱，举杯庆贺。我们经历了一段漫长而艰辛的攀登。就在几年前，这还是个业绩垫底、仅能完成指标 77% 的团队。今天，我们终于成功了。此时此刻，我们见证了团队的高光时刻，实现了华丽转身，我们的团队文化和品质也随之改变。这一戏剧般的转变令人心潮澎湃。这足以证明一点，要完成公司为我们制定的艰巨任务，关键在于弘扬求知、放权和成长的理念。团队荣获了业绩排名第一的殊荣，同时自己又代表团队上台领了奖，在我的职业生涯中，这是最令人愉悦的时刻。

庆祝活动结束后，领导找我谈话，准备让我担负更大的全面管理责任。例行的面试程序结束时，我被任命为总经理。新老板坦率地对我说："你原来在团队怎么干就怎么干，但这次你所领导的范围和规模更大了，我对你的要求就这些。"在开始自己的领导生涯时，我并没想过能担任这么高的职务。

你无法永远征服一座高山，你只可能在其顶峰待上几分钟，然后风就会把你吹走。

——阿琳·布卢姆（Arlene Blum）

作为新任管理者，认为"自己目前的各项技能都有待提高"[Contactually 公司首席执行官兹维·班德（Zvi Band）如此说]，这种认识会促使你给自己加码以提升自己的能力和水平。要不断学习、不断成长，严格约束自己，培养不断消化吸收新信息的工作习惯。然后，你要到现实环境中检验自己学到的东西，从而了解哪些东西有用，哪些没有意义，尤为重要的是，为什么会如此。每天花点时间，反思自己一段时间以来的感悟和收获，去粗取精，去伪存真，不断充实完善你的管理之道。此外，你要营造一种氛围，与他人分享自己学到和发现的东西。坚持这样做，半年后回头再看，你会惊异地发现自己已置身于一个全新层面上。这些点滴进步将激励你沿着这条道路继续前行。

我很欣赏 NBA 明星 J.J. 雷迪克（J.J.Redick）的一句话："你到不了彼岸，永远在路上。"虽然雷迪克有诸多机会相信自己"已经到达彼岸"：在麦当劳全美高中篮球赛中，两次入选全美最佳阵容，2006 年作为杜克大学四年级学生入选了美国国家队。参加完全美大学篮球赛的各项重要赛事之后，他于 2006 年加盟了奥兰多魔术队（Orlando Magic）并在首轮比赛中登场，实现了自己进军 NBA 的梦想。

他经常应邀出面演讲，听众包括大学篮球队员、企业高管以及《财富》500 强公司领导者等。一次讲演中，雷迪克发现台下有个球员身上有文身，上面写着“ARRIVED”的字样，其中的寓意给他留下了深刻印象。雷迪克在费城 76 人队度过了自己 NBA 的第 13 个赛季，也是其职业生涯中战绩最辉煌的一年。随后，他与球队签下了两年 2650 万美元的合同，这一年他已 35 岁。在当时的 NBA，俱乐部能以如此高的价格与一个身材并不出众的高龄球员签订合同，实属破天荒之举。他将此视为一种激励，他要继续努力，力争每天都有所提高。

雷迪克集中精力，让自己不断进步并有所斩获。这就好比登山，尽管无法登顶，却仍享受其中的乐趣。注重这一过程，每天做出必要的努力，力争有所收获，假以时日，积少成多，你终将收获自己努力的成果。千万不要有“人到码头车到站”的念头，时刻提醒自己，你永远在路上。

不断扩展自我能力的边界。你要本着这种精神开展领导工作，有意识地认真思考一下怎样才能拓展自己的能力边界。比如：参加一个提高班，学习弹吉他与绘画；学习一门外语；听一堂你以前一无所知的课；到一个操不同语言的国家去旅行；等等。通常的情况是，在不得不做某件事之前，我们并不了解自己具备某种能力。不仅要当好团队的领导者，你还要不断拓展自己的能力范围，力争每天有所收获。在日常生活中也应该如此，除非你不想追求卓越，不想做得更好，不相信自己有能力提高自己，否则你就要珍惜自己的点滴进步。我知道你们都愿意做好这一切，但这并不重要，关键是：**你们这样做了吗？**

Ryan Hawk

Welcome to Management:How to Grow from Top Performer to Excellent Leader

ISBN: 978-1-260-45805-3

北京市版权局著作权合同登记号：01-2020-4788

北京阅想时代文化发展有限责任公司为中国人民大学出版社有限公司下属的商业新知事业部，致力于经管类优秀出版物（外版书为主）的策划及出版，主要涉及经济管理、金融、投资理财、心理学、成功励志、生活等出版领域，下设“阅想·商业”“阅想·财富”“阅想·新知”“阅想·心理”“阅想·生活”以及“阅想·人文”等多条产品线，致力于为国内商业人士提供涵盖先进、前沿的管理理念和思想的专业类图书和趋势类图书，同时也为满足商业人士的内心诉求，打造一系列提倡心理和生活健康的心理学图书和生活管理类图书。

《幸福领导力：藏在故事中的管理智慧》

- 彭凯平、赵曙明倾情作序推荐；众多知名学者、专家和企业家联袂推荐。
- 书里提高职场幸福感的底层逻辑，探询活出人生松弛感的管理智慧。

《领导者演讲力：成为会演讲、会表达的领导者》

- 演讲力＝领导力＝影响力。
- 全球知名领导沟通能力教练40年成功经验分享，教你掌控各种演讲场合，提升当众演讲能力，释放领导魅力。

《成为变革领导者》

- 帮助企业管理者提升重要能力，实现从变革管理者到变革领导者的成功转型，以拥抱技术快速迭代、充满不确定性和变数的未来。
- 只有当企业中的每个人都成为变革的推动者，不断提升企业领导者的变革领导力，并根据不同世代员工的特点，激发他们自身变革的意愿，从而自下而上、自发地推动变革，才能实现企业的成功转型。

《高潜人才：培养下一代领导者》

- 用科学有效的方法识别、选拔和培养真正的高潜人才。
- 为组织领导梯队建设、助力企业基业长青提供真知灼见。

《留人更要留人心：员工激励的破解之道》

- 多所高校总裁班讲师、华为研究专家周锡冰诚意之作。
- 手把手教你如何留人、留人心，让员工有归属感，与企业共成长。

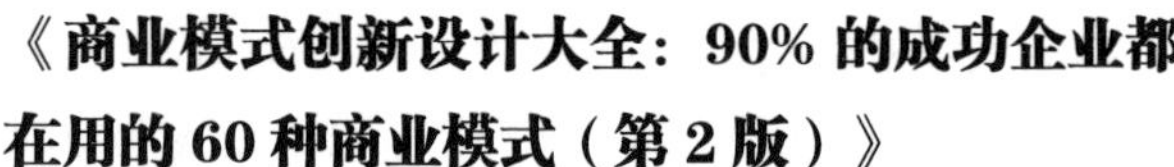

《商业模式创新设计大全：90% 的成功企业都在用的 60 种商业模式（第 2 版）》

- 畅销书《商业模式创新设计大全》修订扩充升级版。
- 企业管理者、创业者、MBA 课程学习者优秀的案头工具书。
- 一本书讲透全球 60 种颠覆性商业模式和盈利构建机制，帮你找到适合你企业的商业模式。

《向下沟通：让决策执行到位的高效对话》

- 领导力大师沃伦·本尼斯作序推荐。
- 帮助领导者走出权力的“沼泽”，与下属建立高效沟通机制的管理必读书。

《这才是生意人的赚钱思维》

- 从顾客的“待办任务”理论入手，设计出了“九问九宫格”的思维框架。
- 从中小企业到上市企业，让日本企业经营者赚得盆满钵满的九宫格商业模式，助你打破经营思维惯性，将顾客体验与盈利时机巧妙地结合，找到提高企业经营利润的思路。